Was ist eine Sekte?

Unterscheidung
Christliche Orientierung
im religiösen Pluralismus

Herausgegeben von
Reinhart Hummel und Josef Sudbrack

Reinhart Hummel, Reinkarnation
Josef Sudbrack, Mystik
Wolfram Janzen, Okkultismus
Bernhard Wenisch, Satanismus
Thomas Broch, Pierre Teilhard de Chardin
Siegfried Böhringer, Astrologie
Bruno Heller, Krise des Denkens
Hans Joachim Türk, Postmoderne
Elisabeth Schneider-Böklen/
   Dorothea Vorländer, Feminismus und Glaube
Raimar Keintzel, C.G. Jung
Anton Rotzetter, Neue Innerlichkeit
Franco Rest, Waldorfpädagogik
Josef Sudbrack, Meditative Erfahrung –
   Quellgrund der Religionen?
Wolfram Janzen, Wahrsagen
Michael Nüchtern, Medizin – Magie – Moral
Hansjörg Hemminger, Was ist eine Sekte?

Hansjörg Hemminger

Was ist eine Sekte?

Erkennen – Verstehen – Kritik

Matthias-Grünewald-Verlag Mainz
Quell Verlag Stuttgart

Zur Reihe „Unterscheidung"

Wo christlicher Glaube lebt, lebt auch der Mut zum Unterscheiden. Die Autoren und Autorinnen dieser Reihe möchten in verständlicher Sprache eine begründete und sachgerechte Darstellung der verschiedenen Phänomene im Umkreis des New Age und der neuen religiösen Bewegungen geben und Hilfen zur „Unterscheidung der Geister" anbieten. Diese Auseinandersetzung soll in der Achtung vor fremder Religiosität geschehen und in der Bereitschaft, zu lernen und sich selbst zu korrigieren.

Die Herausgeber Reinhart Hummel und Josef Sudbrack sind Mitglieder der beiden großen christlichen Konfessionen. Um zu unterstreichen, daß die christlichen Kirchen dieser Herausforderung nur zusammen begegnen können, erscheint diese Reihe gemeinsam im Matthias-Grünewald-Verlag, Mainz, und im Quell Verlag, Stuttgart.

Die Deutsche Bibliothek – CIP-Einheitsaufnahme

Hemminger, Hansjörg:
Was ist eine Sekte?: Erkennen – Verstehen – Kritik / Hansjörg Hemminger. –
Mainz : Matthias-Grünewald-Verl. ;
Stuttgart : Quell-Verl., 1995
  (Unterscheidung)
  ISBN 3-7867-1864-4 (Grünewald-Verl.)
  ISBN 3-7918-2290–X (Quell-Verl.)

Reihengestaltung: Peter Offenberg Grafik
Satz: Textservice Zink, Epfenbach
Umschlagbild: Werner Tübke, Verkündigungsszene (Frankenhausen), (c) VG Bild-Kunst, Bonn 1975
Druck und Bindung: Fuldaer Verlagsanstalt

Inhalt

Vorwort

Das vorliegende Buch konnte nur geschrieben werden, weil mir in der Evangelischen Zentralstelle für Weltanschauungsfragen in Stuttgart sonst schwer erreichbare Informationsquellen zum Thema „Sekten" zur Verfügung standen. Noch wichtiger waren die hilf- und lehrreichen Gespräche mit meinen Kollegen, für die es keinen Ersatz hätte geben können. Besonders nennen möchte ich Reinhart Hummel, den Mitherausgeber der Reihe „Unterscheidung", und Gottfried Küenzlen. Wichtige Hinweise und Formulierungen verdanke ich Josef Sudbrack, dem katholischen Mitherausgeber, und den beiden Sektenexperten im wissenschaftlichen Beirat der Reihe, Friederike Valentin und Hans Gasper. Vielen Dank!

Im Dezember 1994   *Hansjörg Hemminger*

Einführung: „Das ist doch eine Sekte!"

Ach Gott, es geht gar übel zu, auf dieser Erd' ist keine Ruh; viel Sekten und groß Schwärmerei auf einen Haufen kommt herbei. (Evangelisches Kirchengesangbuch Nr. 207, Nikolaus Selnecker 1528-1592)

Erfahrungen mit „Sekten"

In der Evangelischen Zentralstelle für Weltanschauungsfragen in Stuttgart ruft die Mutter eines sechzehn Jahre alten Mädchens an. Es gibt Spannungen in der Familie, der Vater ist ausgezogen, eine Scheidung steht bevor. Die Tochter reagiert mit Aggressivität, mit Herumtreiben in Diskos und mit einem rapiden Absinken der Schulleistungen. Seit einiger Zeit kleidet sie sich „wie ein Flittchen", meistens in Schwarz, und mehrfach kam sie nachts gar nicht mehr nach Hause. Jetzt hat sie einer Schulfreundin einen erschütternden Brief geschrieben, den die Freundin mit vielen Gewissensbissen schließlich der Mutter brachte. Darin heißt es: „Ich bin in eine Sekte geraten. Mir ist nicht mehr zu helfen. Halte dich von mir fern, sonst geht es dir genauso."
Die Freundin hat den Brief richtig verstanden, als einen verzweifelten Hilferuf, der niemandem sonst anvertraut werden konnte. Kleidung und Verhalten, auch das Alter und die Problemlage, weisen auf eine Gruppe jugendlicher Grufties oder gar Satanisten hin, in der das junge Mädchen geängstigt und mißbraucht wird. Schnelle Hilfe ist erforderlich, sie wird nur gelingen, wenn das Mädchen zu irgend jemandem genug Vertrauen faßt, um ihre Angst vor der Gruppe zu überwinden. Sie ist in der Tat in eine „Sekte" geraten.
In einer ostdeutschen Großstadt wirbt Hare Krischna für einen Vortragsabend mit Meditation, Musik und vegetarischem Essen. Die Plakate sind bunt, indische Motive ziehen den Blick an, sie

fallen auch inmitten der kommerziellen und kulturellen Plakatwer-
bung der Fußgängerzone auf. Über einige der Plakate hat die örtli-
che Betroffeneninitiative einen Streifen geklebt: „Vorsicht Sekte".
Das ruft noch mehr Aufmerksamkeit und Nachdenken bei den
Passanten hervor. Eine junge Studentin, die bei dem Abend dabei
war, erzählt den Mitarbeitern der Betroffeneninitiative später, sie
habe vorher mit Religion nichts im Sinn gehabt und auch nichts von
Religion gewußt. Es habe ihr bei den Leuten gefallen, aber besonders beeindruckt sei sie nicht. Der Redner, ein Gottgeweihter
(Krischna – Mönch), habe erklärt, daß ihre Gemeinschaft allen
anderen Religionen gegenüber tolerant sei. Man sei weder gegen die
Christen, noch gegen die Buddhisten, all das habe seinen Platz in
der Religion. Da sei der Absolutheitsanspruch des Christentums
doch viel stärker. Warum also sind die Krischnas eine Sekte und die
christlichen Kirchen nicht? Vielleicht sind „Sekten" einfach die
fremden und anderen, vielleicht fehlt es uns an Toleranz?

In einer westdeutschen Großstadt wendet sich ein junger Geschäftsmann an den kirchlichen Beauftragten für Sekten- und Weltanschauungsfragen. Sein Teilhaber, an sich ein ausgezeichneter
Fachmann, gebe immer mehr Geld für eine Sekte aus und denke
sogar daran, sich aus dem Unternehmen zurückzuziehen. Das sei
bedrohlich, denn das Geschäft laufe zwar gut, aber man stehe
gemeinsam erst am Anfang, die Absicht des Teilhabers könnte das
Ende des Unternehmens bedeuten. Außerdem gehe es auch um den
Menschen: Der Teilhaber sei immer schon ein wenig eigen gewesen,
kontaktscheu, in die Arbeit vergraben, sehr intellektuell. Jetzt hole
er anscheinend im Exzeß nach, was er versäumt habe: Gefühlsaus-
brüche, sexuelle Orgien, lange Reisen in südliche Gefilde und so
weiter. Das könne doch nicht gutgehen.

Die Nachforschungen ergeben, daß der junge Geschäftsmann an
eine wohlbekannte amerikanische New-Age-Therapeutin geraten
ist, die auch in Europa Gruppen anbietet und bei der tantrische
Sex-Übungen in der Tat eine große Rolle spielen. Im Gegensatz zu
anderen New-Age-Größen sammelt sie feste Anhängergruppen um
sich, die leicht den Eindruck einer exotischen Sekte machen können. Ursprünglich handelt es sich aber um typisch amerikanischen

Esoterik-Kommerz: Die „Seminare" der Dame sind teuer und finden in ganz Europa statt. An ihnen allen teilzunehmen, kann auch einen wohlhabenden Menschen in Finanzprobleme stürzen. Aber zusätzlich verehrt der junge Mann seine Therapeutin wie ein höheres Wesen und ist keiner Kritik zugänglich. Kann man in einem solchen Fall von einer „Sekte" sprechen?

Eine dreißig Jahre alte Frau sucht eine kirchliche Dienststelle auf, weil sie ein Offenbarungserlebnis hatte: Durch göttliche Führung sei ihr klar geworden, daß sie eine Reinkarnation der Kaiserin Kunigunde (Gemahlin des Sachsenkaisers Heinrichs II. um die erste Jahrtausendwende) sei. Sie berichtet, wie ihr durch scheinbaren Zufall ein Buch in die Hand gekommen sei, wie ihre Seele sofort angesprochen worden sei und wie sie in tiefer Erschütterung plötzlich gewußt habe, daß die Kaiserin und sie identisch seien. Wie die Heilige damals habe sie die Aufgabe, die zerstrittene Kirche zu versöhnen und sie mit den vergessenen kosmischen Gesetzen bekannt zu machen. Sie sei von Gott zu den Menschen gesandt, sie habe die Fähigkeit, das Karma der Personen zu lesen, die bei ihr Hilfe suchten, und das vorhandene Karma auszugleichen.

Die kirchliche Stelle zieht einen Fachmann hinzu, der mit der jungen Frau spricht. Der erste Verdacht – Psychose – bestätigt sich nicht, zumindest nicht unmittelbar. Das Gespräch enthüllt aber eine bemitleidenswerte Lebensgeschichte. Die junge Frau stammt aus einem anthroposophisch beeinflußten Elternhaus, belastet mit einer Vielzahl schwerer Konflikte. Sie kann sich weder an Liebe noch an Nähe in ihrer Familie erinnern, sondern nur an Zuwendung von ferner stehenden, relativ fremden Menschen. Die Betreuungsgeschichte ist eigentlich keine: Wegen der Unfähigkeit der Eltern, für das Mädchen zu sorgen, wurde es an ständig wechselnden Stellen untergebracht. Sie las wenig, aber unter dem Wenigen war viel esoterische Literatur. Die Jugendzeit war begleitet von schweren psychopathologischen Symptomen, darunter Bewegungs- und Sprachhemmungen. In der Zeit vor der „Offenbarung" ihrer eigentlichen Bestimmung habe sie sich ständig gefragt, wer sie eigentlich sei. Zeitweise sei es ihr seelisch außerordentlich schlecht gegangen. Diese Fragen seien nun aber alle beantwortet. Die Skepsis der

Fachleute kann sie auch nicht von dem Versuch abbringen, Menschen um sich zu sammeln, die an ihre Berufung glauben.

Die Gesprächsparter fragen sich, ob sie Zeugen der Entstehung einer Neuoffenbarungssekte (neben vielen anderen) wurden. Wahrscheinlich nicht, wahrscheinlich wird die junge Frau keinen Glauben finden und scheitern. Man mag es sogar als Barmherzigkeit Gottes betrachten, wenn der Erfolg ausbleibt. Aber wie viele Sektierer begannen ähnlich, mit aus ihrer eigenen seelischen Not heraus geborenen Größenideen, die ihnen aus der Verschlossenheit ihrer tragisch verbogenen Gefühlswelt heraus einen – wenn auch verqueren und verzweiflichen – Weg zu den Menschen eröffneten? Bei der jungen Frau ist es überdeutlich, daß sie trotz ihrer hohen Intelligenz unfähig ist, ihre Identität in normalen menschlichen Beziehungen zu finden. Zu stark hat die seelische Verwahrlosung in Kindheit und Jugend sie gezeichnet. So hat sie sich eine illusionäre Identität erschaffen, und wehe ihr, wenn sie Menschen findet, die diese Scheinidentität durch ihren Glauben stützen. Wird sie die Gründerin einer „Sekte" werden?

Auf einer Tagung über Sektenfragen treffe ich eine Lehrerin in mittlerem Alter. Ganz nebenbei erzählt sie, daß sie bis zu ihrer Heirat Mitglied der Neuapostolischen Kirche gewesen sei, und daß sie lange Zeit gebraucht habe, um ihre Kindheits- und Jugenderfahrungen zu verarbeiten. Ich meine im Gespräch, daß es im Umfeld der Neuapostolischen Kirche meines Wissens wenige Konflikte gebe, weder mit Behörden, noch mit Schulen, noch mit Gerichten. Es gehe offenkundig gutbürgerlich zu bei dieser Gemeinschaft. Die meisten Leute – außer einigen theologischen Experten – neigen dazu, so füge ich an, die Neuapostolischen weniger als Sektierer zu sehen, sondern sie in die Nähe der Freikirchen zu rücken.

Das sei aus der Sicht von Außenstehenden zwar richtig, antwortet die Lehrerin. Aber in den Familien sehe es anders aus, besonders wenn ein Teil der Verwandtschaft zur Sekte gehöre und ein anderer nicht. Sie selbst habe schwer zu kämpfen gehabt, um überhaupt Lehrerin werden zu dürfen, trotz ihrer unbestreitbaren Begabung. Und von ihrem nicht-neuapostolischen Freund, ihrem späteren Mann, habe man sie mit großem Druck wegbringen wollen. Sie hätte unbedingt einen Neuapostolischen heiraten sollen. Das habe dann auch zur Trennung von der Neuapostolischen Kirche geführt. Mit den Eltern habe sie trotzdem noch Kontakt, sicherlich. Aber es sei belastend zu wissen, daß einen die eigene Mutter als verloren und verdammt betrachtet und inständig um Rettung betet. Da könne es ja nicht zu einer unbefangenen Beziehung kommen.

Ist die Neuapostolische Kirche also doch eine Sekte? Reichen kleinbürgerliche Enge und die Überzeugung, das Heil allein zu besitzen, für diese Bezeichnung aus? Oder kann man einen so negativen Begriff nur verwenden, wenn eine Gruppe in viel schlimmerer Weise mit Menschen umgeht?

Berichte über Sekten und Warnungen vor Sekten sind allgegenwärtig, aber direkte Erfahrungen mit ihnen macht nur eine Minderheit. Der Mehrheit begegnen die Sekten in Büchern, in Zeitungsberichten, in Erzählungen von betroffenen Eltern und Ehepartnern. Häufig lösen solche Berichte die Frage aus, was Sekten eigentlich sind. Wo hört die seriöse religiöse Gemeinschaft auf, wo fängt die Sekte an? Die Antwort ist nicht einfach zu geben, und auch dieses Buch kann nicht mit einer Definition des Sektenbegriffs beginnen. Wir müssen das Phänomen „Sekte" zu verstehen suchen, um zu Definitionen und Abgrenzungen zu kommen. In Kapitel I wird das Sektiertum als allgemeine Erscheinung in allen Religionen beschrieben und die Entwicklung der Sekten im christlich geprägten Kulturraum skizziert, bis zu den „klassischen Sekten" des 20. Jahrhunderts. In den Kapiteln II und III wird das Auftreten bisher unbekannter „neuer religiöser Bewegungen" und fremdreligiöser Gruppen geschildert, das zu einer Säkularisierung und „Amerikanisierung" des Sektenbegriffs führte. Das Phänomen des Sektiererischen ist seither in vielfältiger religiöser (und sogar areligiöser) Gestalt bei uns präsent. In den Kapiteln IV, V und VI werden folgerichtig interreligiöse Kriterien des Sektiererischen genannt, und es wird nach einer Unterscheidung zwischen dem Glauben der Sekten und dem christlichen Glauben gesucht.

I. Was sind Sekten?

Wie die Geschichte im Großen und Kleinen lehrt, wird jeder Fanatismus, jedes Dogma, jede zwangsartige Einseitigkeit schließlich zu Fall gebracht durch die Elemente, die sie verdrängt, unterdrückt und übersehen hat.

(Erich Neumann)

Sekte als religiöse Partei

Das Wort „Sekte" leitet sich vom lateinischen „secta" (Richtung, Richtlinie) ab, dem Substantiv zum Verb „sequi" (folgen) und bedeutet dasselbe wie das aus dem Griechischen kommende „Häresie" (Richtung, Partei). Die häufig zu findende Ableitung vom lateinischen „secare" (abschneiden, trennen) ist nicht richtig, hat aber den Wortsinn mit geprägt. Das Wort taucht sinngemäß schon im Neuen Testament auf. Zum Beispiel spricht Paulus in Gal 5,20 von „Spaltungen und Parteiungen" in der Gemeinde. Im griechischen Urtext steht hier das Wort Häresie, in der Vulgata (lateinische Bibelübersetzung) bereits das Wort „secta". Schon in frühchristlicher Zeit wird Sektierertum von der christlichen Kirche also mit Verirrung oder Abfall gleichgesetzt, obwohl das Wort ursprünglich neutral gemeint ist und die Gruppe nicht bewertet. Umgekehrt galten die Christen den Juden (und auch den umgebenden Heiden) zu Anfang als jüdische Sekte, dies ebenfalls mit abfälliger Wertung. In der Religionswissenschaft wird das Wort „Sekte" bis heute neutral benutzt: Eine Sekte steht als Minderheit mit abweichender Lehre und/oder Praxis einer Religion gegenüber, von der sie sich getrennt hat. Das heißt, die „Sekte" wird von der Mutterreligion her definiert, es gibt jüdische, christliche, muslimische, buddhistische, hinduistische Sekten usw. Wegen des abwertenden Beiklangs des Begriffs findet man in der Wissenschaft aber auch Umschreibungen wie „dissidierende Gruppe" oder „Religionsgemeinschaft". Es handelt sich beim Wort Sekte immer um eine Fremdbezeichnung und (außer in Religionswissenschaft und Theologie) auch oft um einen Kampfbegriff. Kaum eine Sekte sieht sich selbst als Sekte an, ihr Selbstverständnis sieht in der Regel anders aus: Das Eigentliche der Mutterreligion soll aus dem Verfall wiedergewonnen oder zur Vollendung gebracht werden. Die entstellte Wahrheit soll neu enthüllt, der rechte Weg und die rechte Ordnung der Gemeinschaft aufgezeigt werden. Die wenigen Treuen sollen aus den vielen Lauen gesammelt, die Geretteten von den Verlorenen getrennt werden. Es geht in den Sekten – wie in jeder anderen Religion – um das Heil der Menschen, um die Wahrheit und um den rechten Weg des Lebens – aber all dies im Gegenüber zur Tradition, von der man sich unterscheiden will.

Meist steht am Anfang der religiösen „Partei", der Sekte, eine charismatische Gründerpersönlichkeit. Häufig will der Gründer ursprünglich nicht die Trennung, sondern die Reform einer Religion, und erst die (aus seiner Sicht) Harthörigkeit der Gläubigen oder der Widerstand der Institutionen macht ihn zum Sektierer. Auf ihre charismatische Ursprungsgeschichte, auf die Zeit der Reformen und der Radikalisierung, beruft sich die Sekte später in der Auseinandersetzung mit der Mutterreligion – selbst wenn sie sich, was nicht selten geschieht, von diesem Anfang entfernt hat.

Sekten in diesem allgemeinen Sinn gibt es nicht nur im christlichen Raum, sondern in allen Hochreligionen, z.B. im antiken Judentum die Essener, im Buddhismus die Zen-Sekten usw. Allerdings unterscheiden sich die Religionen in ihrer Beziehung zu ihren Sekten je nachdem, ob sie sich selbst exklusiv verstehen (das gilt für die monotheistischen Religionen, vor allem für Christentum und Islam) oder ob sie inklusivistisch verfahren, also verschiedenen Ausprägungen von Lehre und Praxis Raum geben. Das trifft in der Regel für die östlichen Hochreligionen Hinduismus und Buddhismus sowie im chinesischen Universalismus zu.

Im letzteren Fall muß es nicht zur offiziellen Trennung von Hauptreligion und Sekte kommen, die Sekte muß sich auch selbst nicht als exklusiv verstehen. Das ist zum Beispiel (mehr oder weniger) so bei den buddhistischen Sekten Japans, die mit einer gewissen Friedlichkeit nebeneinander existieren und keinen exklusiven Anspruch auf ihre Gläubigen erheben. Diese „Sekten" werden deshalb neutraler als buddhistische Schulen bezeichnet. In Indien (und weltweit) gibt es viele Sondergemeinschaften, die sich als Erfüllung oder Vollendung des Hinduismus verstehen, ohne sich von der Gesamtheit der Hindus zu trennen.

Wenn sich die Mutterreligion dagegen exklusiv versteht, setzt die Sekte, die sich als Erfüllung dieser Religion begreift, ihr notwendigerweise einen eigenen exklusiven Anspruch entgegen. Die Gläubigen müssen sich entscheiden. Sie können weder aus der Sicht der Mutterreligion noch aus der Sicht der Sekte der wahren und der entstellten Lehre gleichzeitig anhängen, sie können nicht gleichzeitig zur lauen und zur geisterfüllten Gemeinschaft gehören.

In der Regel werden nicht nur die Gläubigen, sondern auch Wahrheit und Heil exklusiv beansprucht. Die Sekten sprechen der Mutterreligion ab, daß man in ihr zum Heil gelangen könne, und umgekehrt tut dies vielleicht (nicht immer) die Mutterreligion mit der aus ihrer Sicht verlorenen Gemeinschaft der Ketzer. Wo die Mutterreligion gleichzeitig kulturbestimmend ist, kommt der politische Dissens der Sekte zum religiösen Dissens dazu. Die Sekte kündigt nicht nur die religiöse Gemeinschaft auf, sondern auch die bürgerliche Gemeinschaft. Dies führt zu besonderen Spannungen im Islam, der als Religion stets gleichzeitig eine Gesellschaftsordnung stiftet. Islamische Sekten sind daher selten und sind (wenn sie nicht ihren Siedlungsraum als Mehrheit beherrschen, wie die Drusen im Nahen Osten) oft starker Verfolgung ausgesetzt, z.B. die Bahai im Iran, die Sekte der Ahamadiyas in Pakistan usw.

Auch in der Christenheit gab es von Anfang an Abspaltungen. Schon zur Zeit der Christenverfolgungen im Römischen Reich traten gnostische Gruppen auf, von denen im Neuen Testament die Rede ist. Spätestens ab dem 3. Jahrhundert wurde die Idee von der Einheit der allgemeinen (katholischen) Kirche Christi so bestimmend, daß jede Trennung von der Kirche als häretische Absonderung bewertet wurde. Sektiererei wurde zu einem Verstoß gegen die in der Kirche sichtbar gewordene göttliche Ordnung. Das „extra ecclesiam nulla salus" des Cyprian verknüpfte notwendigerweise die Abspaltung von der Kirche mit dem Verlust des Heils. Obwohl dieser Satz dogmatisch nicht unbestritten blieb, prägte er das Verhältnis der Kirche zur Kultur und zum Staat. Aus ihm folgte (ebenfalls nicht unbestritten) später eine Rechtfertigung der Gewaltausübung gegenüber Sektierern. Gewalt war einmal Strafe für die Verletzung der Gottesordnung, zum anderen „ein Werk der Liebe", um verirrte Christen in die Heilsgemeinschaft zurück zu zwingen und andere Menschen vor der Verführung zu bewahren. Nach der Bekehrung des Kaisers Konstantin 311 fiel der Kirche nach und nach die politische Macht zu, gegen Abspaltungen mit staatlichen Mitteln vorzugehen.

Trotzdem ging die Geschichte der Spaltungen weiter. Der Arianismus war zur Zeit der Völkerwanderung teilweise politisch mächtiger als die orthodoxe christliche Position, verschwand aber vor dem Mittelalter. Es gab – bekriegt und verfolgt von Staat und Kirche – die Katharer (Albigenser) im Hochmittelalter, die zur selben Zeit entstandenen Waldenser und die Hussiten im Vorfeld der Reformation, die Täuferbewegung nach der Reformation, die puritanischen „Dissenters" in England und viele andere. Die Geschichte der Sekten im christlichen Abendland ist auch eine Geschichte der Ketzerverfolgungen und der Sektenkriege.

Wir müssen es als eine schreckliche Verirrung der Christenheit betrachten, daß sie die Auseinandersetzung mit ihren Sekten in Europa bis in die Neuzeit hinein (Verfolgung der Täuferbewegung) mit den Machtmitteln des Staates, mit Inquisition, Gewalt und Mord führte, anstatt mit geistigen und geistlichen Mitteln. Die Idee von der Einheit der Kirche Christi wurde pervertiert, indem sie den Machtkämpfen der Institutionen, Dynastien und Staaten, der politischen Strömungen und Interessen ausgeliefert wurde. Die christliche Kirche wurde, nachdem sie immer wieder und an vielen Orten die Schrecken der religiösen Verfolgung als Opfer erlebt hatte, durch ihre Jahrhunderte während politische Macht selbst zum religiösen Verfolger. Die oft nur allzu weltliche Institution der Kirche maßte sich gegenüber Gott und den Menschen die Rolle göttlichen Leitens und Richtens in der Frage von Heil und Unheil an, indem sie die Einheit des Glaubens mit den Mitteln des Unglaubens erzwingen wollte. Sie vergaß in den Zeiten der Macht ihre eigene Blindheit und Schwäche und wurde so zu einem Verrat an ihrem innersten Wesen verführt. Diese historische Schuld der Kirche darf heute beim Umgang mit Sekten nicht vergessen werden.

Es ist wichtig, sich daran zu erinnern, daß die Inquisition, das schlimmste kirchliche Kampfinstrument gegen den Irrglauben, unter anderem auf die Auseinandersetzung mit den Katharern zurückgeht (Einsetzen der Ketzergerichte 1229 durch Papst Innozenz III. auf dem Konzil von Toulouse). Die Inquisition war damals noch keine Sache der katholischen Konfession, sondern der universalen Kirche. Erst nach der Reformation wurde die Inquisition auch zum Kampfinstrument in konfessionellen Konflikten. Der Versuch der Kirche, die Ausbreitung der Katharer gewaltsam einzudämmen, führte zu schlimmeren Übeln, als sie Sektiererei allein je hätte bewirken können. Der Kampf gegen Sekten kann auch heute noch zum größeren Übel werden als die Sekten selbst, wenn er zum christlichen Fanatismus oder gar zur bloßen Rechthaberei wird, wenn er zum Machtkampf um Menschen und Gebiete, Geld und Einfluß degeneriert.

Wie kam es zu den heutigen Sekten?

Im Westfälischen Frieden von 1648 wurde bestimmt, daß außer der katholischen, evangelischen und reformierten Kirche in Deutschland keine „Religion oder Sekte" geduldet werden dürfe. Damit fand der schrecklichste aller Konfessionskriege, der Dreißigjährige Krieg, einen politischen Abschluß. Die folgende Zeit der Aufklärung brachte eine Wandlung in der Haltung gegenüber den Sekten. Eine Ursache war die fortwirkende Erinnerung an die Konfessionskriege, neben dem Dreißigjährigen Krieg die Hugenottenkriege in Frankreich, die Bürgerkriege zwischen Puritanern, Anglikanern und Katholiken in England usw. Immer mehr setzte sich die Einsicht durch, daß die Rechte als Staatsbürger nicht am religiösen

Bekenntnis hängen sollten, daß die „Staatsraison" und die „Religionsraison" getrennt werden sollten. Obwohl die christlichen Konfessionen in Europa staatstragende Religion blieben, wurden Abspaltungen zunehmend politisch toleriert, solange sie sich der Staatsraison fügten. Die Großkirchen (vor allem die protestantischen, aber auch die Kirche von England) gingen nicht nur an diesem Punkt, sondern in vielen Bereichen des Lebens einen kulturellen Kompromiß mit der Aufklärung ein. Es entstand nach und nach der heutige Begriff der Religionsfreiheit, es entstand eine säkulare Ethik der Gesellschaft (Humanismus), es entstand eine wissenschaftliche Theologie, die kritisch die eigenen Glaubensgrundlagen untersuchte, usw. Es entstand die Kultur, die wir als neuzeitlich oder einfach als „modern" bezeichnen.

Ob eine religiöse Gemeinschaft als Sekte zu betrachten ist oder nicht, das kann möglicherweise ganz verschieden beurtheilt werden, je nachdem ob man sie von einem positiv-juristischen oder von einem religiösen, so zu sagen idealen Gesichtspunkt aus betrachtet. Juristisch ist jede Gemeinschaft eine Sekte, wenn sie … sich von der herrschenden, vom Staat anerkannten Kirche trennt, und ihren eigenen Gottesdienst, ihr eigenes Vorsteher- und Lehramt errichtet. Welchen Werth an sich ihre Lehre oder das Motiv ihrer Lostrennung hat, kommt hierbei nicht in Betracht … Darnach wäre der Begriff der Sekte freilich rein äußerlich bestimmt; – wie etwa politisch so oft der Begriff der Legitimität und Illegitimität nach den zufälligen Umständen bemessen wird, wer eben im Besitze der Macht ist …
Deshalb stellt sich der Begriff und damit auch die innere Rechtsfrage zwischen Kirche und Sekte nach folgendem Canon: Nur eine solche Gemeinschaft religiösen Glaubens und Lebens, die im Stande ist, ein ganzes Volksleben zu durchdringen und eine weltgeschichtliche Potenz zu werden, nur eine solche kann als Kirche anerkannt werden, alle übrigen, die sich um einzelne Häupter sammeln, deren absonderliche Meinungen annehmen, die aber viel zu kleinlich und subjektiv sind, um weltgeschichtlich und volksthümlich zu werden, sind und bleiben Sekten.

Darauf gründet sich auch das richtige staatliche Verfahren. Wenn dem Staate zugemuthet wird, auch der Sekte die Rechte der Kirche zu verleihen, so ist das ein grober Unverstand; er kann unmöglich die nächste beste Partei, die sich um einen fanatischen Schneider oder Schuhmacher sammelt, so anerkennen, daß er diesem Sprecher dieselben amtlichen Befugnisse, dieselbe fides publica einräumte, die er den Organen der Kirche einräumt, welche auf wissenschaftlichem Wege für ihren Beruf sich vorbereitet und erprobt haben.

(Christian Palmer: Die Gemeinschaften und Sekten Württembergs, Tübingen 1877, aus dem Nachlaß herausgegeben von Prof. Dr. Jetter, S. 8 und 10)

Religionsfreiheit hieß zuerst einmal keineswegs, daß die großen Kirchen und die Sekten gleichgestellt wurden, Duldung hieß nicht Anerkennung. In Württemberg wurde zum Beispiel 1861 die Unabhängigkeit der staatsbürgerlichen Rechte vom religiösen Bekenntnis zum Gesetz. Die Identität von Kirche und religiöser Kultur bestand trotzdem weiter, schon deshalb, weil die Kirchen nach wie vor viele öffentliche Aufgaben wahrnahmen (Erziehung, Trauung u.a.). Nur eine verschwindende Minderheit gehörte den großen Kirchen nicht an. Die Aufgabe der Kirche war „die Förderung des religiös-christlichen und sittlichen Lebens" (Theologisches Universal-Lexikon, Elberfeld 1874), und diese Aufgabe konnte keine Sondergemeinschaft oder Sekte für sich beanspruchen. Von daher gesehen waren Sektierer zuerst einmal immer noch religiöse Separatisten im ursprünglichen Sinn des Wortes.[1]

---

[1] Die Unterschiede zwischen dem protestantischen Staatskirchentum (landesherrlichem Kirchenregiment) in Deutschland, den evangelischen Kantonalkirchen in der Schweiz und der katholischen Kirche in den katholischen Ländern Deutschlands und Europas können hier vernachlässigt werden. Die Rolle der staats- und kulturtragenden Religion fiel auf jeden Fall (mit wenigen Ausnahmen) einer der beiden Konfessionen zu, ebenso wie öffentlich-rechtliche Aufgaben aller Art (Erziehung, Familienrecht usw.). Von beiden Konfessionen wurden die Sekten deshalb als abseitige Religionsgemeinschaften betrachtet, die diese staats- und kulturtragende Rolle nicht hatten, nicht haben konnten oder die kirchlichen Privilegien sogar attackierten.

Der Standpunkt des Tübinger Professors Palmer muß für seine Zeit als nachdenklich gelten, da er für die innere (nicht nur juristische) Bewertung des Sektierertums religiöse Maßstäbe verlangte. Seine Kriterien waren wohl zeittypisch: „Kleinlich und subjektiv" sei das Sektierertum, unfähig, das Leben einer ganzen Bevölkerung zu durchdringen oder, modern gesprochen, unfähig dazu, eine religiöse Kultur zu stiften. Der Sektenbegriff der katholischen Kirche ähnelte dem des evangelischen Theologen: Als Sekten wurden kleine religiöse Gemeinschaften betrachtet, die nicht kulturprägend sein konnten und sich separatistisch verhielten. Interessant ist, welche Gruppen Palmer Mitte des 19. Jahrhunderts in der Rubrik „Sekten" beschreibt. Es finden sich die Methodisten und die Baptisten (beide sehr abwertend geschildert), die Hahnsche Gemeinschaft und die Pregizerianer, also zwei exzentrische Gruppen des Pietismus, die bezeichnenderweise noch heute nicht dem Gnadauer Verband des Pietismus angehören. Es finden sich die Darbysten (Plymouth Brethren) und die Swedenborg-Anhänger. Keine dieser Gruppen würde man heute ohne weiteres als Sekte bezeichnen; höchstens die sich auf Swedenborg berufende „Neue Kirche" käme für die Bezeichung in Frage. Ob die anderen Gruppen sich vom Sektierertum wegentwickelt haben oder ob Kirche und Gesellschaft die Ausgrenzung dieser Gruppen aufgegeben haben, bleibt zu fragen. Mehr dazu in den folgenden Kapiteln.

Die neuzeitliche Kultur brachte ab dem 18. Jahrhundert nicht nur staatliche Toleranz gegenüber den Sekten, sondern auch eine unterschiedliche Stoßrichtung des sektiererischen Eifers. Die radikalen Reformversuche von Sondergruppen, die charismatischen Gründer neuer Bewegungen, die sich abspaltenden Organisationen – sie richteten sich nicht nur wie früher gegen die Großkirchen, sondern auch (in unterschiedlichem Maß) gegen die mit ihnen verbundene säkulare Welt. Der Bund der Kirche mit dem aufgeklärten Unglauben, der Verrat des Glaubens an die Welt – sie wurden zum zentralen Thema sektiererischen (aber nicht nur sektiererischen) Denkens und Tuns. Anders ausgedrückt: Neuzeitliche Sekten haben prinzipiell einen anti-neuzeitlichen oder antimodernistischen Zug, sie verbinden in aller Regel (wenn auch mit unterschiedlichen Anteilen) Religionskritik an den großen Kirchen und Kulturkritik an der säkularen Welt miteinander.

Unter diesen Bedingungen wurde das 19. Jahrhundert zu einer Zeit der christlichen Erweckungs- und Erneuerungsbewegungen, aber auch zu einer Zeit kaum mehr zählbarer religiöser Sondergruppen, vor allem im protestantischen Raum und mit einem Schwergewicht in den USA. In den vom Geist der „Dissenters" geprägten USA galt seit ihrer Gründung – in bewußtem Gegensatz zu Europa – die Trennung von Kirche und Staat als Verfassungsgrundsatz. Die Unterschiede in der religiösen Landschaft zwischen Europa und den USA dienten Max Weber (1864 bis 1920) zur Entwicklung einer soziologischen Bestimmung des Begriffs Sekte. Damit definierte er, wohl zum ersten Mal, nicht mehr aus der Sicht der Mutterreligion, was eine Sekte ist, sondern aus der Sicht einer sich religiös als neutral verstehenden Wissenschaft. Er beschrieb die Sekte im Unterschied zur Kirche folgendermaßen:

„Eine ‚Kirche' ist eben eine Gnadenanstalt, welche religiöse Heilsgüter wie eine Fideikommißstiftung verwaltet und zu welcher die Zugehörigkeit (der Idee nach!) obligatorisch, daher für die Qualität des Zugehörigen nichts beweisend, ist, eine ‚Sekte' dagegen ein voluntaristischer Verband ausschließlich (der Idee nach) religiös-ethisch Qualifizierter, in den man freiwillig eintritt, wenn man freiwillig kraft religiöser Bewährung Aufnahme findet."[2]

Nach Weber ist eine Sekte also gekennzeichnet als Bekenntnisgemeinschaft (im Unterschied zur Volkskirche), durch ihre Gemeindesouveränität (kein geistliches Amt als letzte Autorität), ihre autonome Gemeindezucht (Überwachung der geistlichen und moralischen Qualitäten bei den Mitgliedern), durch die Betonung des Charismas gegenüber Amt und Tradition; im Extrem durch das Meiden der unreinen Außenwelt. Webers soziologische Sektendefinition wurde Anfang des Jahrhunderts von dem protestantischen Theologen Ernst Troeltsch theologisch gedeutet. Für ihn ist die Kirche „die mit dem Ergebnis des Erlösungswerkes ausgestattete Heils- und Gnadenanstalt, die Massen aufnehmen und der Welt sich

[2] Max Weber: Gesammelte Aufsätze zur Religionssoziologie. Tübingen 1963 S. 211.

anpassen kann, weil sie von der subjektiven Heiligkeit um des objektiven Gnaden- und Erlösungsschatzes willen bis zu einem gewissen Grade absehen kann."

Demgegenüber definiert Troeltsch die Sekte so: „Die Sekte ist die freie Vereinigung strenger und bewußter Christen, die als wahrhaft Wiedergeborene zusammentreten, von der Welt sich scheiden, auf kleine Kreise beschränkt bleiben, statt der Gnade das Gesetz betonen und in ihrem Kreise mit größerem oder geringerem Radikalismus die christliche Lebensordnung der Liebe aufrichten, alles zur Anbahnung und in der Erwartung des kommenden Gottesreiches."[3]

Probleme mit dem soziologischen Sektenbegriff

Unter Troeltschs theologische Definition von „Sekte" fielen fast alle amerikanischen Denominationen wie Methodisten, Quäker und Baptisten oder die noch junge Pfingstbewegung. Das galt besonders dann, wenn diese Gruppen (oft aus den USA oder England kommend) in Kontinentaleuropa aktiv wurden, also aus dem Milieu der USA in den Bereich des staatstragenden Kirchentums eindrangen. Die Berichte, daß der Gegensatz zu den Großkirchen bei den (anfangs wenigen) deutschen Methodisten und Baptisten zur Radikalisierung, zu unschönen Angriffen auf die Kirchen und zu persönlichen Exzessen beitrug, sind durchaus glaubhaft. Nicht alle kirchliche Polemik aus dieser Zeit ist ohne sachliche Grundlage.

Aber darum ging es Troeltsch gerade nicht. Auch der schon lange in der evangelischen Bevölkerung etablierte und überwiegend kirchentreue Pietismus galt ihm als Ausdruck des Sektentums – konsequenterweise, wenn man seiner Definition von „Sekte" folgt. Aber die pietistische Frömmigkeitspraxis wurde damit kaum zutreffend beschrieben. Und man muß redlicherweise erwähnen, daß

---

[3] Ernst Troeltsch: Die Soziallehren der christlichen Kirchen und Gruppen. Aalen 1977 (Neudruck); hier zitiert nach Ludwig Thimme: Kirche, Sekte und Gemeinschaftsbewegung. Schwerin 1925 S. 41 und 89.

Gruppen wie die Methodisten oder die Heilsarmee sich schon zur Zeit Troeltschs vom sektiererischen Gehabe wegentwickelt bzw. (im Fall der Heilsarmee) es nie wirklich an sich hatten.

So bedenkenswert also sein Sektenbegriff ist – die Anwendung auf konkrete Gruppen muß man selbst aus zeitgenössischer Sicht als fragwürdig bezeichnen. Bei der Lektüre fragt man sich manchmal, ob bei konsequenter Anwendung seiner Kriterien nicht auch kleine, durch Mission neu entstandene Kirchen in nichtchristlichen Ländern als Sekten eingestuft werden müßten. Das Wesen der Kirche Jesu Christi wird von seinem Kirchenbegriff weder aus katholischer, noch aus lutherischer, noch aus reformierter Sicht abgedeckt, schon gar nicht aus der Sicht der orthodoxen Tradition. Die Kirche ist in allen Konfessionen nicht nur eine Institution, die Gnadenmittel verwaltet. Sie ist auch eine Gemeinschaft der Glaubenden. Sie ist Volk Gottes und Leib Christi, und damit Beginn einer ewigen Gottesgemeinschaft derer, die zur Kirche gehören. Sie ist aus katholischer und aus orthodoxer Sicht selbst Heilsmittel, sie hat sakramentalen Charakter. Die Kirche auf ihre Weise will auch sein, was die Sekten sein wollen, und einige ihrer Teile (monastische Orden, Bruderschaften, Kommunitäten usw.) müßte man nach Troeltsch, wäre man konsequent, wie die Pietisten als innerkirchliche Sekten qualifizieren. Es ist offensichtlich nicht ohne weiteres möglich, einen soziologischen (oder psychologischen) Sektenbegriff theologisch zu übernehmen. Was aus christlicher Sicht eine christliche Sekte ist, muß letztlich doch vom christlichen Glauben her gesagt werden.

Einige der Kriterien von Troeltsch weisen in die richtige Richtung, auch wenn ihre Anwendung auf konkrete Gemeinschaften fragwürdig bleibt: Die Kirche als ganze darf nicht elitär werden, auch wenn sie elitäre Gruppen enthalten kann. Sie will zwar Gemeinschaft der Heiligen sein, aber nicht Gemeinschaft der Heiligeren. Die Kirche darf daher auch keine geschlossene Gemeinschaft sein. Sie muß verschiedene Grade der Nähe und Ferne zum christlichen Glauben zulassen, sie muß unklare Grenzen in Kauf nehmen, sie muß der Menschen wegen sogar Unentschiedenheit ertragen. In diesen Punkten unterscheidet sie sich von den Sekten.

Diese Kriterien finden sich schon bei Martin Luther aufgrund seiner Erfahrungen mit radikalen Sondergruppen der Reformation. Er verstand unter einer „Sekte" eine entstellte, mißgebildete Form der Kirche. Und zwar konnte aus seiner Sicht sowohl die Lehre der Sekte entstellt sein als auch ihre Praxis. Eine Gemeinschaft konnte durch mangelnde Orthopraxis zur Sekte werden, indem sie es an Liebe zu den Außenstehenden und an Zuwendung zu den Schwachen fehlen ließ. In dieser Richtung sind die theologischen Kriterien zu suchen, mit denen sich Kirche und Sekte aus innerchristlicher Sicht unterscheiden lassen.

Die Sekten im 20. Jahrhundert

Die soziologische Sektendefinition Max Webers setzt die kulturprägende Großkirche als Milieu der Sekten voraus, und um die Jahrhundertwende galt diese Voraussetzung noch. Das protestantische Staatskirchentum existierte trotz der Säkularisierung des Lebens weiter und hatte große politische (wenn auch geringere religiöse) Bedeutung. Auch die katholische Kirche hatte ihre staatstragende Rolle in den katholischen Ländern Deutschlands, in Österreich und anderswo noch keineswegs verloren. Mit dem Ende des Ersten Weltkriegs kam in Deutschland jedoch das Ende des Staatskirchentums. Artikel 137 der Weimarer Verfassung stellte 1919 lapidar fest, daß keine Staatskirche mehr besteht. Eine kirchenrechtliche Bestimmung dessen, was eine Sekte ist, war für die Protestanten nicht mehr möglich. Die Staatskirchen wurden allerdings nicht zu Denominationen in der Art der Kirchen in den USA, sondern zu Volkskirchen, die ihren traditionellen Platz in der Kultur und eine ganze Reihe von Privilegien behielten.

Was würde aus unseren Gemeinden, was würde aus unserer, durch böse Mächte ohnehin so gefährdeten Volkseinheit werden, wenn das Sektenwesen so um sich griffe, daß sich landauf landab in Stadt und Land zwei, drei, vier und noch mehr Kirchlein auftäten, die in der bei den Sekten üblichen Eifersucht beim

Seelenfang untereinander stritten? Nur ein Unbelehrbarer kann blind sein gegen den Segen der Volkskirche, die, mit der einzigen Macht, die sie haben will, mit der Macht des Evangeliums als des Wortes vom Kreuz das Volk der Getauften umfaßt. Welchen Dienst leistet die Kirche unserem Volk durch den Religionsunterricht in der Schule! Er schenkt dem Kinde eine geistige und geistliche Mitgift fürs Leben, von der es, wenn auch oft unbewußt, zehrt. Er gibt dem Menschen einen Wegweiser ins Leben, der vielen in der entscheidenden Stunde zur Rettung geworden ist. Es ist dem Evangelium, in dessen Dienst unsere Kirche steht, zu verdanken, wenn wir trotz allem weithin noch etwas wie ein christliches Gesamtbewußtsein haben. Würde es den Sekten gelingen, die Kirche aufzulösen, dann versänke unserem Volk die geistige Heimat.
(Paul Scheurlen: Die Sekten der Gegenwart und neuere Weltanschauungsgebilde, Stuttgart 1930 S. 35)

Für den Biberacher Dekan Scheurlen, der sich vor und nach dem Ersten Weltkrieg mit den Sekten seiner Zeit befaßte, war die Volkskirche der entscheidende Gegensatz zum Sektenwesen. Zu den Sekten zählt er die Adventisten, die Ernsten Bibelforscher (Zeugen Jehovas), katholisch-apostolische und neuapostolische Gemeinden, die Mormonen, die Darbysten, Lorber-Anhänger und Anthroposophen, Christian Science, die Bahai usw. Aus dem Sektenregister verschwunden sind bei ihm die pietistischen Gruppen, aber auch die Methodisten und Baptisten. Der Grund ist, daß diese Gemeinschaften die Volkskirche bejahten oder zumindest eine ökumenische Beziehung zu ihr besaßen. „Dieser Geist christlicher Demut, der Liebe und der Verantwortung für die andern fehlt der Sekte. Sie sondert sich ab, schließt sich aus. Zur Art der ‚Kirche' gehört die Ökumenizität, zur Art der ‚Sekte' die Exklusivität." (S. 11)
Aber auch der streitbare Dekan sah die Zeichen der Zeit, als er schrieb: „Unsere Kirche ist zum Dienst am Volk da, soweit sich dieses solchen Dienst gefallen läßt." (S. 4) Die staatlich eingerichtete „Gnadenanstalt" Kirche gab es 1930 nicht mehr. Seit dieser Zeit haben die Volkskirchen trotz z.T. weiter bestehender Privilegien

ihre kulturtragende Rolle immer mehr eingebüßt. Sie sind nicht mehr die einzigen, bürgerlich akzeptablen Institutionen zur Verwaltung und Weitergabe religiösen Besitzes. Die „zwei, drei, vier oder noch mehr Kirchlein" in jedem Ort, die Scheurlen fürchtete, gibt es längst, und zwar nicht nur in Form christlicher Sondergruppen und esoterischer Weltanschauungsgemeinschaften, sondern aus nahezu jeder religiösen Tradition der Erde. Die Volkskirche befindet sich in Auflösung, und damit kann endgültig nicht mehr Sekte genannt werden, was nicht Volkskirche ist. Notwendigerweise rückte die fehlende Ökumenizität und radikale Exklusivität einer Gemeinschaft als Merkmal des Sektierertums in den Vordergrund. Die nicht entstellte, die Kirche im vollen Sinn wird durch die christliche Ökumene repräsentiert, die entstellte Splitterform durch die Sekten. Diese Unterscheidung trifft das Sektenphänomen auch praktisch: Bis heute ist keine einzige Gemeinschaft, die als Sekte eingestuft wird, Mitglied im Ökumenischen Rat der Kirchen oder hat sich um die Mitgliedschaft bemüht.

Am 21. 11. 1964 verabschiedete das Zweite Vatikanische Konzil das „Dekret über den Ökumenismus". Unter Ökumenismus verstand das Konzil „die Förderung der Wiederherstellung der Einheit unter allen Christen". Die Partner dieses ökumenischen Bemühens wurden ausdrücklich genannt, nämlich „die vom römischen apostolischen Stuhl getrennten Kirchen und kirchlichen Gemeinschaften". Ähnlich wie auf protestantischer Seite wurde der katholische Sektenbegriff in der Folge durch den Vergleich mit der christlichen Ökumene bestimmt.

Im Mai 1967 veröffentlichte das römische Sekretariat für die Einheit der Christen Richtlinien, in denen festgestellt wird, daß es „Gemeinschaften, Sekten und Einzelpersonen" gibt, bei denen sich „die ökumenische Bewegung und der Wunsch nach Frieden mit der katholischen Kirche" noch nicht durchgesetzt hätten. Ablehnung der Ökumene und Feindschaft gegenüber der katholischen Kirche bildeten die Merkmale des Sektierertums. Von daher benutzen beide großen Konfessionen bis heute einen ähnlichen Sektenbegriff. Allerdings bleibt er für die katholische Seite heikler als für den Protestantismus. Für die evangelischen Kirchen genügt die einfache

Unterscheidung von christlicher Ökumene und Ökumene-feindlichen Sekten, da die katholische Kirche aus ihrer Sicht ebenfalls Teil der Ökumene aller Christen ist. Die römisch-katholische Kirche muß eine doppelte Unterscheidung treffen: Auf der einen Seite gilt es, den Unterschied zwischen der katholischen Kirche und den übrigen, ökumenisch gesinnten Kirchen und Gemeinschaften theologisch zu bestimmen, auf der anderen Seite den Unterschied zwischen diesen ökumenischen Kirchen und den Sekten. Die Schwierigkeit liegt darin, daß der römisch-katholische und der protestantische Kirchenbegriff sich trotz großer Übereinstimmungen nicht decken. Darüber wird mehr in Kapitel VI zu sagen sein. Trotzdem kann man, ausgehend vom Begriff der Ökumenizität, von einem gemeinsamen christlichen Sektenbild in beiden Konfessionen sprechen.

Einige der Gruppen, die im 19. Jahrhundert als Sekten bezeichnet wurden, nahmen, gemessen an diesem Kriterium, keine sektiererische Entwicklung. Sie wurden zu Freikirchen bzw. zu innerkirchlichen Bewegungen (Methodisten, Baptisten, Pietismus und Evangelikalismus). Die früheren „dissidierenden Gruppen", wie die mehrfach erwähnten Baptisten und Methodisten, machten dabei einen Prozeß der Verkirchlichung durch. Amt und Ausbildung wurde für die Gemeindeleitung (vor allem für den Pastor) wichtig, das persönliche Charisma verlor an Bedeutung. Überörtliche Institutionen wie Kirchenleitungen schränkten die Gemeindesouveränität ein, usw. Aus diesem Prozeß gingen die Freikirchen als gesellschaftlich akzeptierte christliche Gemeinschaften außerhalb der großen Kirchen hervor. Diese Freikirchen ebenso wie die aus Erweckungsbewegungen hervorgegangenen innerkirchlichen Gruppen bereichern heute Kirche und Christenheit und tragen zur fruchtbaren Auseinandersetzung mit der modernen Welt bei.

Als Sekten wurden von beiden Kirchen in der Konsequenz dieser Entwicklung diejenigen Gemeinschaften betrachtet, bei denen sich die Merkmale der fehlenden Ökumenizität und die Exklusivität stark ausprägten. Sekten in diesem Sinn sind christliche Gruppen, die in „separatistischer Vereinzelung" (Hans-Diether Reimer) leben und zu einem „innerlichen Winkeldasein" (Kurt Hutten) neigen. So entstand besonders aufgrund der Schriften von Kurt Hutten das Bild der „klassischen Sekten". Es prägte bis in die siebziger Jahre die Vorstellung davon, was eine Sekte ist, und zwar nicht nur in den Kirchen, sondern (allerdings in abnehmendem Maß) auch in der Öffentlichkeit. Heute sind die innerkirchliche Vorstellung von dem, was Sekten sind, und die Vorstellung der Öffentlichkeit erheblich auseinandergedriftet. Die Gründe werden in den Kapiteln III und IV besprochen werden.

Zum Bild der „klassischen Sekte" gehört
- die christliche Wurzel der Gruppe
- ein Absolutheitsanspruch auf das Heil gegenüber der Ökumene der christlichen Kirchen
- Verweigerung der ökumenischen Gemeinschaft
- scharfe Kirchenkritik, aggressive Mission im Bereich der Großkirchen (Proselytismus)
- klarer Umriß der Gruppe mit deutlichen Grenzen zwischen Innenwelt und Außenwelt, soziale Konflikte mit der Außenwelt
- hierarchische, häufig zentralistische Machtstrukturen, ein geschlossenes Lehrsystem und eine normierte Lebenspraxis

Der Begriff Sekte ist damit nicht in erster Linie dogmatisch bestimmt, Lehrunterschiede sind für ihn nicht entscheidend. Entscheidend sind Beziehungskriterien. Er beschreibt eher die fehlende Orthopraxis als die mangelnde Orthodoxie: Wie steht es um den Selbstbezug der Gemeinschaft und um ihren Bezug zu anderen Christen? Trotzdem hat das Wort Sekte auch einen dogmatischen Gehalt, denn die Grundmerkmale der theologischen Einseitigkeit, der fehlenden Balance, der Verabsolutierung bestimmter Glaubenssätze gehören zum Bild des Sektiererischen hinzu. Es bleibt damit letztlich doch nahe an Luthers Sektenbegriff: Sekte als Kümmerform, als Entstellung, als Verarmung dessen, was die Kirche Jesu Christi in dieser Welt sein sollte und sein müßte. Die Sekten werden aus dieser Sicht aber auch zur Herausforderung der Kirchen, denn die Sekten nehmen Themen und Anliegen einseitig auf, die in der Kirche ausgewogen und in rechter Form präsent sein sollten, es aber vielleicht nicht sind. Die Sekten sind für die Kirchen daher immer Übel und Anfrage zugleich.

Die Angepaßten und die Eiferer: Klassische Sekten ein Jahrhundert danach

Das Feuer der Erneuerung, die Leidenschaft für die in Besitz genommene Wahrheit und der heilige Eifer für das rechte Tun können sich im Leben und in der Geschichte einer Gemeinschaft niemals rein verwirklichen. Das kompromißlose, weiße Licht der Sektenwahrheit bricht sich an den Ecken und Kanten, den Spiegeln und Scherben der Realität und wird in viele Farben zerstreut. Auf ihrem jahrzehntelangen Weg durch die Neuzeit haben sich die klassischen Sekten gewandelt, allerdings in unterschiedlicher Weise. Nach drei bis vier Generationen hat man sich entweder arrangiert, oder man hat sich radikalisiert, man hat dazugelernt oder aber die Mißstände der Aufbruchszeit in Institutionen festgeschrieben:

Die beiden größten klassischen Sekten, die Neuapostolische Kirche (ca. 600 000 Anhänger in Deutschland) und die Zeugen Jehovas (ca. 160 000 Anhänger) können als Beispiele für unterschiedliche Wege durch die Geschichte dienen. Im Fall der Neuapostolischen Kirche (NAK) werden die sozialen Konflikte mit der Umwelt heute durch Anpassung an das kleinbürgerlich-handwerkliche Milieu der Anhänger gering gehalten. Der religiöse Exklusivanspruch wird dabei nicht aufgegeben. Die Erlösung bleibt aus neuapostolischer Sicht an das Apostelamt gebunden, und dieses wiederum an die neuapostolische Hierarchie. Der Stammapostel als Heilsvermittler hat eine Position unanfechtbarer Autorität, an der Zugehörigkeit zu ihm hängt das ewige Heil. Im Zentrum der NAK herrscht ein Personenkult, wie er bei klassischen Sekten seinesgleichen sucht. Die NAK versteht sich als Endkirche, als die Sammlung der echten Gläubigen vor dem hereinbrechenden Endgericht. Neben ihr hat keine andere Kirche eine Daseinsberechtigung. Einen Dialog mit anderen Kirchen gibt es daher nicht. Es gibt auch keine caritativen Einrichtungen, die für die Menschen und für die Gesellschaft außerhalb der NAK arbeiten.

Aber dieser – an und für sich radikale – Anspruch auf Wahrheits- und Heilsbesitz wird von der Hierarchie in der „Außenpolitik" nur vorsichtig umgesetzt, er wird eher zur „inneren Doktrin" gemacht.

Die Abgrenzung von der Umwelt ist zwar spürbar, aber nicht krasser Art, auch die Missionsmethoden bleiben unaufdringlich. Mitglied dieser „klassischen" Sekte zu werden bedeutet daher, in eine geschlossene Großfamilie einzutreten, die ihr Familienmilieu gegen die Außenwelt abgrenzt, mit dieser aber ansonsten keine Konflikte sucht. Man setzt auf soziale Kontrolle über „familiäre" Mechanismen, nicht so sehr auf institutionellen Druck oder gar auf den Kampf gegen äußere Feinde, um die Gruppe stabil zu halten.

Die Anpassungstendenz der NAK geht so weit, daß es zu beschämenden Arrangements mit totalitären Obrigkeiten kam, so im „Dritten Reich" oder in der ehemaligen DDR. Zum Beispiel konnte man in Nazi-Deutschland nur dann in die Neuapostolische Kirche eintreten, wenn man eine Unbedenklichkeitsbescheinigung der NSDAP-Ortsgruppe vorlegte. Es gehört zum Streben dieser Sekte nach Harmonie, daß es auch nach dem Ende der Diktatur nicht zu einer Aufarbeitung des Geschehens kam.

Die meisten Konflikte kommen unter den heutigen Bedingungen zustande, weil Familie und Verwandtschaft teilweise zur Sekte gehören und teilweise nicht, oder weil junge Menschen gegen die sozialen Normen aufbegehren, die im Innern der Gemeinschaft gelten. Politische und juristische Kämpfe mit der Umwelt gibt es dagegen kaum. Die Neuapostolische Kirche hat zum Beispiel als einzige „klassische Sekte" in Baden-Württemberg eine religiöse Unterweisung für ihre schulpflichtigen Kinder eingerichtet, die als Ersatz für den konfessionellen Religionsunterricht anerkannt wurde. Dadurch müssen die Kinder weder den Religionsunterricht besuchen noch den als Ersatz vorgesehenen Ethikunterricht, und eine Reihe von Konfliktfeldern werden – wie häufig – durch unaufdringliche Abgrenzung vermieden.

Die Folgen dieser Anpassungsstrategie sind einerseits recht positiv für die Anhänger und für die Außenwelt. Die Neuapostolische Kirche kann auf eine gewisse gesellschaftliche Akzeptanz, zumindest auf öffentliche Gleichgültigkeit zählen. Es ist erstaunlich, wie wenig diese große Religionsgemeinschaft (sie ist zahlenmäßig größer als alle evangelischen Freikirchen zusammengenommen) in den Medien vorkommt. Man nimmt sie außer aus theologischer Sicht kaum mehr als Sekte wahr, schon gar nicht als eine „böse Sekte", vor der man warnen müßte. Die Gemeinschaft konnte sich im apolitischen, kleinbürgerlichen Milieu gleichzeitig etablieren und verstecken. Der Blick der Journalisten und Medienmacher, die einem anderen Milieu entstammen, geht blind über sie hinweg.

Andererseits hat die Rücksicht auf die ethischen Vorstellungen der Gesellschaft und die Anpassung an das kleinbürgerliche Milieu aus der Sicht der Neuapostolischen Kirche auch ihren Preis: Es kam notwendigerweise zu einer „Verkirchlichung" der Sekte, es entstand (besonders in der 2. und 3. Generation) ein Randbereich von distanzierten Mitgliedern und von „Kartei-Gläubigen". Die Grenzen zur Umwelt werden dadurch aufgeweicht, ähnlich wie es in den großen Kirchen geschieht. Man kann die Geretteten und die Lauen nicht mehr klar und sauber voneinander unterscheiden. Das geht auf Kosten von Engagement und missionarischer Schlagkraft – in beidem haben die Neuapostolischen den Großkirchen wohl nicht mehr allzuviel voraus.[4]

Ähnliches wie über die NAK könnte man über die Mormonen schreiben. Sie sind dort, wo sie auch politisch führend sind – im US-Staat Utah – noch stärker verkirchlicht als die NAK in Deutschland. Ein Verstoß gegen die an und für sich strenge Regel, keinen Alkohol, keinen Kaffee und keinen Tee zu trinken (auch kein Coca Cola), wird von vielen Mormonen als läßliche Sünde betrachtet. Es fällt nicht schwer, in Utah Mormonen mit der typisch amerikanischen Bierbüchse in der Hand anzutreffen. Das dünne Dosenbier mit 5% Alkohol wird stillschweigend von der Abstinenzregel ausgenommen.

In Europa, wo die Mormonen eine kleine Minderheit darstellen, geben sie sich strenger und geschlossener. Der Eindruck großen Glaubenseifers wird auch durch die missionierenden jungen Leute aus Utah verstärkt, die in Europa ihren zweijährigen Einsatz für die Mormonen-Mission ableisten. Sie treten immer paarweise auf, jun-

---

[4] S. dagegen einen Bericht über die Konflikte in und mit der NAK von Joachim Gebert: Nur wir! Eine kritische Auseinandersetzung mit der Neuapostolischen Kirche. London 1994.

ge Frauen bemühen sich (ohne viel Erfolg) um weibliche Ansprech-
partner; junge Männer sprechen Männer an (mit ebensowenig Erfolg). Mit den Deutschkenntnissen ist es manchmal nicht weit her,
aber wer diese korrekt dunkel gekleideten und durch unsere Groß-
städte radelnden Missionare und Missionarinnen anspricht, stellt
schnell fest: Der Missionseifer ist höchst unterschiedlich ausgebil-
det. Man kann bei einzelnen immer wieder Zweifel und Vorbehalte
gegen die Mormonen-Theologie heraushören.

Die Zeugen Jehovas, die Anhänger der Wachtturm-Gesellschaft,
verhalten sich anders, obwohl auch ihre Haustür-Missionare immer
paarweise auftreten. Sie demonstrieren nicht nur den großen Kirchen, sondern der säkularen Welt ihre Andersartigkeit durch auffäl-
lige Missionsmethoden, bewußtes Inkaufnehmen von Konflikten
mit dem Gesetz und aggressive Kritik an den Gepflogenheiten ihrer
Umwelt. Bekannt sind neben den aufdringlichen Haustür-Missio-
naren die Verkäufer der Zeitschrift „Wachtturm" im Straßenbild,
die so gut wie nie ein Heft loswerden, die aber stumm für ihre
Anti-Haltung gegen Kirche und Welt Zeugnis ablegen. Öffentlich tun sie etwas, was außerhalb der Gemeinschaft der Zeugen
kaum jemand täte, und was überall sonst als sinnlos gälte. Die
Beispiele für dieses demonstrative Anderssein lassen sich beliebig
vermehren.

Aufgrund der Verweigerung nicht nur des Wehrdienstes, sondern
auch des Zivildienstes mußten zahlreiche Zeugen Gefängnisstrafen
verbüßen oder Geldstrafen bezahlen. In Schulen fallen Kinder und
Eltern durch ihre Weigerung auf, an Schulfesten, Schullandheim-
Aufenthalten, Geburtstagsfeiern, Weihnachtsfeiern usw. teilzunehmen. Die Kinder besuchen natürlich nicht den Religionsunterricht,
sondern den Ethikunterricht, falls sie das nach den Landesgesetzen
tun müssen. Dort bilden sie nach Auskunft der Ethik-Lehrer ein
pädagogisches Problem, weil sie sich häufig gar nicht beteiligen und
manchmal durch großen Fanatismus auffallen.

Zeitungsmeldung vom 2. Juni 1993:
(sid) Degenfechter Robert F... hat seine Teilnahme an der Fecht-
Weltmeisterschaft im Juli in Essen abgesagt und gleichzeitig seine

Karriere beendet. Der Olympiasieger von Barcelona mit der Mannschaft und Weltmeisterschaftszweite von 1991 in Budapest begründete seinen Schritt mit religiösen Gründen. Der 30 Jahre alte Deutsche Meister und gebürtige Pole „hat sich einer Religionsgemeinschaft angeschlossen, welche es ihm verbietet, jede Form von Hochleistungssport auszuüben", heißt es in einer offiziellen Mitteilung des Fechtclubs Tauberbischofsheim, dem F... angehört. Es handelt sich dabei um die Zeugen Jehovas ... Für F... ist jetzt auch seine berufliche Zukunft in Frage gestellt. Bisher arbeitete er als Koordinator im Fechtzentrum Tauberbischofsheim. „Es ist natürlich klar, daß er jetzt nicht mehr für uns arbeiten kann, wenn er nicht fechten will. Das hat er auch von sich aus schon erklärt."

Der Absolutheitsanspruch der Sekte ist also ganz und gar keine „innere Doktrin", sondern wird bei der Mission ständig herausgestellt. Nur Zeugen werden in der nah bevorstehenden Endzeit von Gott verschont, alle Nicht-Zeugen kommen nach Ansicht der Zeugen in der großen Endzeitschlacht blutig um. Der exklusive Anspruch auf das Heil wird durch Radikalität nach außen hin ständig bekräftigt, er nimmt nach innen und außen hin in den Beziehungen zwischen Menschen Gestalt an. Das Innenmilieu der Zeugen gleicht folgerichtig dem einer Kampfgemeinschaft gegen äußere Feinde oder einem straff organisierten kommerziellen Betrieb. Der Leistungsdruck ist groß, die soziale Kontrolle wird durch institutionelle Kontrolle verstärkt, und die Gruppengrenzen sind klar gezogen. Zum Wagenburg-Klima im Innern der Gruppe trägt auch die ausgeprägte Okkultangst der Zeugen bei. Man sieht sich ständig in der Gefahr, durch den Kontakt mit satanischen Mächten okkult belastet zu werden. Bücher, Schallplatten, ja sogar Möbel und Gerätschaften können zur Bedrohung der Zugehörigkeit zur heilen Welt der „Geretteten" werden. Jeder Ungehorsam – auch jeder Ungehorsam gegen die Hierarchie der Wachtturm- Gesellschaft – liefert den Zeugen möglicherweise der Macht Satans aus. Ständige Wachsamkeit gegen sich selbst und andere ist vonnöten.
In diesem Klima läßt sich ein Randbereich von Unentschiedenen,

Lauen oder Distanzierten auch nach drei oder vier Generationen nicht beobachten. Der missionarische Eifer ist ungebrochen. Nicht nur, daß die Haustür-Missionare der Zeugen keinerlei Zweifel an der eigenen Theologie erkennen lassen – mit ihren fest eingeübten Antworten auf alle Fragen, mit ihren aus dem Zusammenhang gerissenen oder umgedeuteten Bibelsprüchen beweisen sie, daß sie sich in zeitraubender Kleinarbeit auf die Mission vorbereitet haben. Ihre Unfähigkeit zum echten Gespräch, sobald die Geleise des Gelernten verlassen werden, hat allerdings dieselbe Ursache.

Der Preis für die radikale Ablehnung der Umwelt, für die geschlossenen Gruppengrenzen und für den Missionseifer besteht in zahlreichen Konflikten auf persönlicher und gesellschaftlicher Ebene. Der ständige Verlust von enttäuschten, ausgebrannten und verzweifelten Mitgliedern sorgt für eine hohe Fluktuation in der Anhängerschaft, so daß die Gemeinschaft trotz ihrer Missionserfolge nur langsam wächst. Bei Kindern in der Pubertät und Adoleszenz sind schwere, seelische Krisen nicht selten – es gibt kaum eine ungünstigere religiöse Umwelt für diese Entwicklungsphase als die bei den Zeugen. Es ist leider so, daß Kinder und Jugendliche einen Hauptteil der Last tragen, die der Fanatismus der Gruppe den Mitgliedern auferlegt. Nach außen hin führt dieser Fanatismus zu einer verbreiteten Ablehnung der Sekte.

II. Neue religiöse Bewegungen, Jugendreligionen oder destruktive Kulte

> *Wir erraten kaum, was auf der Erde vorgeht,*
> *und finden nur mit Mühe, was doch auf der*
> *Hand liegt; wer kann dann ergründen, was im*
> *Himmel ist?* (Weis 9,16)

Neue Sekten, Psychosekten und Politsekten

In der öffentlichen Diskussion stehen die klassischen Sekten seit Anfang der siebziger Jahre nicht mehr im Vordergrund. In Europa traten „neue religiöse Bewegungen" auf, die wegen ihrer (damals) jungen Anhängerschaft auch als Jugendreligionen bezeichnet wurden. Die meisten dieser Gruppen kamen aus den USA (oft aus Kalifornien) oder aus Ostasien (oft aus Indien) zu uns. Die Gruppen aus Asien durchliefen häufig ebenfalls den „Durchlauferhitzer" USA, bevor sie in Europa auftraten. Im Gegensatz zu den klassischen Sekten hatten die meisten keine christlichen Wurzeln, sondern speisten sich aus weltlichen oder aus religiös exotischen Quellen.

Hare Krischna und Ananda Marga, die Transzendentale Meditation, Divine Light Mission, Brahma Kumaris und später die Osho/Bhagwan-Gruppe haben als Guru-Bewegungen einen hinduistischen Hintergrund. Durch ihr exotisches Erscheinungsbild (Saris, Malas, kahlgeschorene Köpfe) prägten diese Gruppen die öffentliche Vorstellung von den „Jugendsekten" besonders nachhaltig. Die Vereinigungskirche Muns (die Gruppe der sogenannten Munies) ist dagegen synkretistisch und lehrt auch christliche Elemente. Trotzdem wirkt sie durch ihre Verwurzelung in der koreanischen Tradition fremdartig. Es traten japanische Neureligionen wie Soka Gakkai in Erscheinung, die buddhistischer Herkunft sind. Darüber hinaus gab es quasi-christliche Neugründungen wie die Kinder

Gottes (später Familie der Liebe, heute die Familie). Aber grundsätzlich wurden die Jugendreligionen im Unterschied zu den klassischen Sekten als religiös exotisch empfunden, nicht nur als eine religiöse Abspaltung von Eiferern, sondern auch als kulturell fremd, als extrem vereinnahmend den Mitgliedern gegenüber und deswegen ebenso wie ihrer Militanz wegen als bedrohlich.

Man kann die meisten dieser neuen religiösen Bewegungen als Sekten in einem weiteren Sinn betrachten. Aus der Sicht der Ursprungstradition handelt es sich um Hindu-Sekten, um buddhistische Sekten, um synkretistische Sekten usw. Der Unterschied zu den klassischen Sekten mit christlicher Wurzel liegt darin, daß die Jugendreligionen oft in einem kulturell fremden Milieu operieren (mit Ausnahme der „Kinder Gottes"). Sie lassen sich zwar nicht unter einen christlich-theologischen Sektenbegriff fassen, wie er am Schluß von Kapitel II umrissen wurde, sehr wohl aber unter den allgemeinen Sektenbegriff: Es handelt sich um Abspaltungen einer zahlenmäßig kleinen, entschlossenen bis fanatischen Gruppe von einer großen, religiösen Tradition. Im synkretistischen Fall handelt es sich um Abspaltung durch Traditionsvermischung. Aus europäischer Sicht handelt es sich, salopp gesprochen, um Importsekten.

Zu den neuen religiösen Bewegungen kamen Gruppen ohne eigentlich religiöse Lehre und Praxis hinzu, die sich aber unter soziologischen und psychologischen Gesichtspunkten ähnlich verhielten. Für sie wurden die Begriffe Psychosekte (oder Psychokult) und Politsekte geprägt. Die wichtigste Psychosekte war und ist der Scientology-Konzern mit seinen okkult-magischen Kursangeboten. Zeitweise wurde die „Aktionsanalytische Organisation" (AAO) des Kunstmalers Otto Mühl bekannt, nicht zuletzt durch die sexuellen Exzesse des Sektenbosses. Die AAO hat inzwischen nur noch wenig Bedeutung, Otto Mühl verbüßt eine längere Gefängnisstrafe wegen des sexuellen Mißbrauchs minderjähriger Kinder, auch seine Ehefrau mußte ins Gefängnis. Eine auf Umwegen aus der AAO entstandene Gruppe, das ZEGG (Zentrum für experimentelle Gesellschaftsgestaltung) in Belzig, Brandenburg, wirbt aber in Deutschland weiter für einige der Ideen Otto Mühls.

Aus einem Bericht von Andreas Schlothauer, langjähriges AAO-Mitglied, in AGPF Aktuell, Bonn 17. 11. 1989:
In der ersten Hälfte der 70er Jahre entstand in Wien um den damals fast 50jährigen Wiener Aktionisten Otto Mühl eine Kommune mit freier Sexualität und Gemeinschaftseigentum. Etwa 30 Wiener Twens bekannten sich zur Kommuneideologie und zum totalen Konsum- und Kulturverzicht, äußeres Zeichen war die AA-Glatze. Sie nannten sich, abgeleitet von der gemeinsam praktizierten Therapie (Aktionsanalyse) „aktionsanalytische Kommune" oder AA-Kommune. Ab 1975 wurden Kommune-kurse abgehalten, bis Ende 1977 hatte sich die Kommune auf über 600 Mitglieder vergrößert, mit Stadtkommunen in Öster-reich, Deutschland, Schweiz, Frankreich, Holland und Skandi-navien. Man nannte sich nun Aktions-Analytische-Organisation (AAO). Die assoziierten Kommunen wurden ab 1977 durch vom Friedrichshof entsandte Gruppenleiter ideologisch fest in die AAO eingebunden. Alle 3–4 Monate wurden diese Statthalter abgelöst ...

Gekämpft wurde gegen die Kleinfamilie (KF) und die „sexuell verkrüppelnde Zweierbeziehung". Durch die gemeinsame The-rapie sollte die „kleinfamiliäre Schädigung" herausgebrüllt, Ekel und Haß, Depression und Inzestwünsche mußten auf dem Weg zum „neuen Menschen überwunden und ausgelebt" werden. Die Ordnung innerhalb der Kommunen wurde durch hierarchische Durchnumerierung – vom Ersten bis zum Letzten – erzwungen. Maßstab für den Hierarchieplatz war das vage definierte AA-Be-wußtsein ... Zweierbeziehungen sind streng verboten; Ehen sind reine Steuerersparnis-Gemeinschaften; Otto Mühl hat diktatori-sche Vollmachten in jedem Bereich, es gibt sexuellen Mißbrauch von Jugendlichen durch Mühl und seine Frau; private Treffen mit Freunden und Familienangehörigen müssen angemeldet und ge-nehmigt werden, Übernachtung bei den Eltern oder Freunden ist undenkbar ... Warum bleiben trotzdem so viele?

Weiterhin wäre der EST-Konzern (Ehrhard Seminar Training, spä-ter Centers Network und Forum) zu nennen; heute setzt „Landmark Education" seine Tradition fort. Zu den Psychosekten gehört auch der „Verein zur Förderung der psychologischen Menschenkenntnis" (VPM). Der Gründervater der Gruppe war Friedrich Liebling in Zürich, ein Emigrant aus Wien, der sich in der psychologischen Lehre auf Alfred Adler berief und in den siebziger Jahren eine zahlreiche Anhängerschaft um sich scharte. Für diese Anhängerschaft prägte er den Namen „Zürcher Schule". Wie in fast allen Gruppen dieser Art führte auch in der Zürcher Schule der Weg ins Sektierertum über den Personenkult, über eine von außen unverständliche Verehrung des therapeutischen Meisters Friedrich Liebling. Man sah in ihm den Begründer einer psychologischen Menschenkenntnis, die es endlich erlauben sollte, den Menschen aus dem Elend seiner Unwissenheit zu echter Menschlichkeit zu befreien.

Der „Verein zur Förderung der psychologischen Menschenkenntnis" (VPM) wurde 1986, vier Jahre nach Lieblings Tod, um seine langjährige Schülerin Annemarie Buchholz-Kaiser gegründet. Sie führte den VPM auf den Weg eines fanatischen Kampfes gegen alle scheinbaren und wirklichen Gegner in der Außenwelt, die (angeblich) den hohen, humanen Zielen des VPM im Weg stehen. Das enorme Selbst- und Sendungsbewußtsein von Buchholz-Kaiser und (davon abgeleitet) das ihrer Anhänger zeigte seine Schattenseite in der aggressiven Abwertung aller Kritiker und Andersdenkender und in einer geradezu pathologischen Prozeßwut. Kirchliche Kritiker, Journalisten, Beamte und Institutionen werden mit (teilweise unsinnigen) Klagen überzogen, die trotz ihrer regelmäßigen Erfolglosigkeit dem Verein das Gefühl geben, die Feinde der Gesellschaft und des VPM energisch zu bekämpfen. Diese negativen Züge – ein übersteigertes Sendungsbewußtsein, eine maßlose Überschätzung der eigenen Bedeutung und eine Überbewertung der eigenen Ideen, die ebenso maßlose Abwertung Andersdenkender – sind allen Psychokulten und Politsekten und den meisten sogenannten Jugendreligionen in gewissem Umfang eigen.

Auszüge aus der Literatur der Zürcher Schule und des VPM:
Die seelische Not ist riesengroß … Was wir über die Welt und den Menschen erfahren haben, ist geprägt von Unwissenheit und

Unaufgeklärtheit. Unsere Eltern waren trotz größter Bemühungen nicht in der Lage, uns eine realistische Einführung ins Leben zu geben. Auch sie sind in dieser Kultur groß geworden, in der der Mensch nicht im Mittelpunkt steht. In unseren Kinderstuben herrschte das Prinzip von Religion und Mystik, von Verwöhnung und Strenge ... So stehen wir da, ohne Aufklärung über den Menschen und die Welt, orientierungslos, unfähig, uns unser Leben und eine schöne Liebe einzurichten. Nachdem wir diese Erziehung durchlaufen haben, sind wir Karikaturen dessen, was wir sein könnten.
(Friedrich Liebling 1893-1982 zum Gedenken. Gedenkfeier vom 28. März 1982. S. 113f und 115)

Die Konsequenzen, die er in seinem Lebenswerk aus der Einsicht in die Bedeutung des Gemeinschaftsgefühls für das Lebensglück des einzelnen Menschen und die Zukunft der Menschheit zog, und den Beitrag, den er der Erziehung, der Pädagogik, der wissenschaftlichen Psychotherapie, der Gruppentherapie und der Volksaufklärung zumaß, stehen bis heute einzigartig in der Welt ...
Jeder verantwortungsbewußte Mensch, dem das Wohl des Mitmenschen ein Anliegen ist, wird verstehen, wie beschämend es für die Drahtzieher ist, eine Hetzkampagne gegen das reichhaltige Werk Friedrich Lieblings, das heute im VPM unter der Leitung von Frau Dr. A. Buchholz-Kaiser fortgeführt wird, zu entfachen, und zugleich erkennen, welche Primitivität sie damit sowohl in ihrem Kenntnisstand als auch in ihrer Gesinnung bekunden.
(VPM (Hg.): Der VPM – was er wirklich ist. Zürich 1991 S. 238f)

Politsekten und Neuoffenbarer: Sektiererische Eigengewächse

Eine typische Politsekte der siebziger Jahre ist die amerikanische Lyndon LaRouche-Bewegung, die bei uns als „Europäische Arbeiterpartei" und als „Christliche Mitte/Patrioten für Deutschland" bekannt wurde. Ihr Gründer, LaRouche, saß fünf Jahre in den USA im Gefängnis. Es gab auch in Deutschland Entwicklungen hin zu Politsekten, zum Beispiel in den radikalkommunistischen K-Gruppen an den Hochschulen um 1980. Es gibt sogar eine Gemeinschaft, die zwischen Psycho- und linker Politsekte einzuordnen ist: der aus der Marx-Freud-Reich-Bewegung an einigen Hochschulen (ausgehend von Freiburg im Breisgau) entstandene „Bund gegen Anpassung" (Neue Linke in Wien, Rotes Forum in Dresden). Er versucht, die tiefenpsychologische Befreiung der Psyche von unbewußten, durch die Gesellschaft eingeimpften Zwängen und die politische Befreiung im marxistischen Sinn zu verbinden.

Zu den relativ stabilen und überschaubaren Polit- und Psychogruppen kamen und kommen kaum mehr zählbare Kleingruppen hinzu: radikale und geschlossene Anhängerschaften lokaler Gurus, abseitiger Therapiemeister und Extremisten mit ideologischer, politischer oder esoterischer Lehre und Praxis. Außerdem gibt es Gruftie-Gruppen, schwarzmagische und satanistische Gruppen, neuheidnische Gruppen usw. Die esoterischen, spiritistischen und neugnostischen Gemeinschaften bilden eine eigene Szene, deren Wurzeln bis in das 19. Jahrhundert zurückreichen. Sie erlebten im Kielwasser der neuen religiösen Bewegungen (und später der New-Age-Bewegung) teilweise eine neue Blüte.

Die Psychokulte und Politsekten, die Okkultgruppen, die Neuheiden und die Satanisten kann man kaum als kulturell exotisch bezeichnen wie die hinduistischen Guru-Gruppen. Eine „Sektennische" in unserer Gesellschaft läßt sich auch mit Beständen westlicher Tradition besetzen, nicht nur mit exotischen Importen. Selbst der Okkultismus der Scientologen stammt aus der westlichen Kultur, nämlich von dem Schwarzmagier Aleister Crowley und aus der Science-Fiction-Literatur. Das gilt ebenso für die politische Ideologie Lyndon LaRouches, für den Wissenschafts- und Fortschrittsglauben des VPM oder für die Idee der psychologischen Selbstbefreiung bei Otto Mühl. Psychokulte und Politsekten benötigen daher den Durchlauferhitzer (fachlich: den Akkulturationsraum) USA nicht so dringend wie exotische Gemeinschaften. Daß EAP und AAO, ja sogar der VPM trotzdem als ähnliche Erscheinungen wie die „neuen religiösen Bewegungen" empfunden und sogar (im Fall Scientology) mit den Guru-Bewegungen zusammen als Jugendreligionen klassifiziert wurden, liegt an den Erfahrungen, die einzelne Betroffene und die Gesellschaft als ganze machten. Über diese Erfahrungen wird noch zu sprechen sein.

Bedacht werden muß jedoch, daß man zwischen den „neuen religiösen Bewegungen" und den klassischen Sekten keine klare Trennungslinie ziehen kann. Auch heute noch entstehen Sekten durch Abspaltungen von den christlichen Kirchen oder durch Spaltungen innerhalb von älteren Sekten. Die USA sind dafür, wie schon im 19. Jahrhundert, immer wieder ein fruchtbarer Boden. Beispiele finden sich unter anderem bei den sogenannten Neuoffenbarungs-Sekten. Das sind Gruppen um eine Führungsgestalt, die für sich beansprucht, ihrer Anhängerschar neue Offenbarungen von Gott oder von Christus zu übermitteln. Sollte die junge Frau, die sich für eine Reinkarnation der Kaiserin Kunigunde hält (s. S. 11), tatsächlich Anhänger finden, würde sie eine solche Neuoffenbarungssekte ins Leben rufen.

Die größte Sekte dieser Art und gleichzeitig eine der zur Zeit radikalsten Gruppen überhaupt ist das „Universelle Leben" um ein Trancemedium namens Gabriele Wittek. Das Zentrum der Sekte befindet sich in Würzburg, der Schwerpunkt der Anhängerschaft liegt trotz ihrer bundesweiten Verbreitung in Franken. Es wird von insgesamt ca. 40 000 Anhängern gesprochen, deren Fanatismus ihresgleichen sucht. Wie bei fast allen „klassischen Sekten" spielen auch hier der Wiederherstellungsgedanke und die Endzeiterwartung eine wichtige Rolle (daher der frühere Name „Heimholungswerk Jesu Christi"). Wieder einmal werden die wahren Gläubigen kurz vor dem Weltuntergang gesammelt, wieder einmal wird das Sendungsbewußtsein der angeblich Geretteten angeheizt und von der mit absoluter Autorität ausgestatteten Führung der Sekte gegen die angeblich Verlorenen gerichtet.

Frau Wittek ist jedoch nicht die einzige Neuoffenbarerin, die „göttliche Durchgaben" für ihre Anhänger in angeblicher oder wirklicher Trance erhält. Auch die wegen der Eskapaden ihrer Leiterin Erika Bertschinger (alias Uriella) in die Schlagzeilen geratene Sekte

Fiat Lux wird von Trance-Durchgaben Uriellas zusammengehalten, die angeblich direkt von Jesus Christus kommen. Eine Ansiedlung der Sekte befindet sich in Strittmatt im Südschwarzwald. Angeblich wird eben dieser Ort bei der nahe bevorstehenden Flut, die das Weltende bringen wird, ungeschoren davonkommen. Einige Anhänger verkauften ihren Besitz, um sich in Strittmatt anzusiedeln und das (laut Uriella) von Jesus selbst vorhergesagte Ende zu erwarten.

In der Schweiz zog im Frühjahr 1988 eine bisher unbekannte Neu-offenbarungsgemeinschaft die Aufmerksamkeit auf sich, weil sie (wieder einmal) das bevorstehende Weltende verkündigte: die Michaelsvereinigung in Dozwil im Thurgau. Das für den 5. Mai 1988 datierte Weltgericht blieb jedoch aus, was die meisten Anhänger – wie immer in solchen Fällen – zwar verunsicherte, aber nicht zur Besinnung brachte. „Vertraut der Stimme der Propheten dieser Zeit. Sie sind die Werkzeuge Gottes und möchten euch allen den Weg ins Vaterhaus zeigen" – hieß es in einer Botschaft von 1989. Hunderte von Menschen glaubten der apokalyptischen Botschaft, auch ohne festes Datum, tatsächlich von neuem. Allein in der Diözese St. Gallen traten 345 Katholiken zur Michaelsvereinigung über. Die „himmlischen Stimmen" der Sekte verkündigten aber nicht nur das Endgericht im Thurgau, sondern verdammten auch die großen Kirchen in Grund und Boden, weil sie die von Gott berufenen Propheten nicht anerkennen wollten. Besonders der katholischen Kirche wurden „gewaltige interne Prüfungen" bescheinigt, dazu angebliche Irrlehren und anderes mehr.

Das sektiererische Dagegensein konnte sich also auch 1988 noch in klassischer Form gegen die christliche Ökumene und weniger gegen den Staat oder die Gesellschaft richten. Obwohl das Universelle Leben erst 1977 entstand und Fiat Lux wenig später auftrat, entsprechen sie, ebenso wie die Michaelsvereinigung, in fast jedem Punkt dem klassischen Sektenbegriff. Auf der anderen Seite verursachen alle drei Gruppen heftige Konflikte, wie sie für die Jugendreligionen typisch waren. Das weist uns darauf hin, daß diese Konflikte nicht nur mit der Lehre einer Gruppe zu tun haben, sondern mit ihrem Alter. Es gibt offensichtlich – wie immer es später weitergeht – eine radikale Anfangsphase, in der sich eine Gruppe nach innen und außen offensiver verhält und mehr Probleme verursacht als in der zweiten oder dritten Generation ihres Daseins.

Der Begriff „Jugendreligion" ist deshalb unscharf geworden, er verstellt eher den Blick auf fundamentale Gemeinsamkeiten vieler neuer religiöser Bewegungen und Sekten. Die Wahrnehmung eines besonderen Phänomens namens „Jugendreligion" war zeitgebunden, sie beschreibt eine Phase in der Entwicklung der religiösen Landschaft in Europa, als die Internationalisierung und Globalisierung der Weltkultur neu entstandene, radikale religiöse und ideologische Gruppen zu uns brachte, die es vorher nicht gegeben hatte. Daß viele dieser Gruppen zuerst unter jungen Menschen Anhänger fanden, und dies oft auf Reisen in die USA, gehört zu dieser Entwicklung dazu. Nachdem einige der neuen Gruppen sich auf Dauer etabliert haben (Vereinigungskirche), auch unter veränderten Umständen gefährlich radikal bleiben (Scientology) oder sich anzupassen versuchen (Hare Krischna), ist eine andere Einteilung der Sektenlandschaft notwendig geworden. Sie könnte etwa folgendermaßen aussehen:

Neben den etablierten Gruppen und Sekten mit christlichem Traditionshintergrund und/oder mit esoterisch-okkulten Lehren aus der abendländischen Tradition gibt es

- Sekten aus anderen Hochreligionen (Guru-Gruppen usw.)
- neue Sekten vom klassischen Typus (Neuoffenbarer usw.)
- neue synkretistische Sekten (Vereinigungskirche)
- ideologische Extremgruppen (Psycho- und Politsekten)

Phasen eines Sektenlebens

Manche Autoren meinen, man könne regelmäßig bestimme Phasen eines „Sektenlebens" unterscheiden. Die beiden Journalisten Minhoff und Lösch teilen die Entwicklung von „Psychokulten" in Phasen ein.[5] Sie untersuchten die Scientology-Organisation, die

[5] Christoph Minhoff, Holger Lösch: Neureligiöse Bewegungen – Strukturen, Ziele, Wirkungen. Unterschleißheim/München 1988.

Vereinigungskirche und die Bhagwan/Osho-Bewegung. Nach ihnen läßt sich eine idealistische Phase, eine Organisationsphase, eine Missionsphase und eine Kommerzphase unterscheiden. Ich werde diese Begriffe in der folgenden Darstellung übernehmen, sie aber etwas anders interpretieren.

Die idealistische Phase wird von der unmittelbaren Beziehung einer charismatischen Führungsgestalt zu ihren Anhängern bestimmt. Die neue Lehre wird direkt übermittelt, und die Gruppe der Gläubigen unterscheidet sich von einer „normalen" Zuhörer- und Gefolgschaft lediglich durch den Grad ihrer Abhängigkeit vom Meister oder von der Meisterin. Eine geschlossene Gemeinschaft entsteht aus dieser Gefolgschaft nur, falls die Anhänger die Lehre auch nach längerer Zeit nicht eigenverantwortlich umsetzen dürfen oder können, sondern sich in Denken und Tun nach der Führung richten. Das betrifft vor allem die Ausbreitung der neuen Lehre. Sie erfolgt am Anfang unorganisiert und in diesem Sinn „von selbst". Die eigene Faszination bringt den Schülerkreis dazu, neue Anhänger und Anhängerinnen zu werben und so den Kreis um den Meister auszuweiten.

Bleibt die Ausbreitung der neuen Ideen an die Person des Meisters gebunden, entsteht eine geschlossene Gemeinschaft. Übernahme der Lehre bedeutet dann auch Übernahme der Abhängigkeit von ihm oder von seiner sich bildenden Organisation. Im „sektengefährdeten" Fall wird schon in der idealistischen Phase der spätere Personenkult um Meister oder Meisterin vorgebildet. Im anderen Fall gibt es (zumindest auch) eine eigenverantwortliche Übernahme der neuen Ideen durch neue Anhänger, vielleicht sogar Abwandlungen und Entwicklungen der Ideen, so daß die Ausbreitung der Gruppe zu einer abnehmenden Bindung an die Person des ursprünglichen Lehrers führt.

Ob die Gefolgschaft des Meisters zum Personenkult neigt, ob die Gruppe sich von der Umwelt, vom Gedankenaustausch mit ihr und von den dadurch bewirkten Veränderungen abschließt oder nicht, hängt an der Person des Meisters, seinem Anspruch und seiner Lehre. Der „Sektenfall" droht dann, wenn die Eigenverantwortung und Eigenständigkeit der Anhänger auf den Meister verlagert wird, wenn der Meister und seine Anhänger sich immer stärker gegen etwas als für etwas, gegen jemand als für jemand engagieren. Es gibt Lehrinhalte, die den Personenkult und die daraus folgende Frontstellung gegen die Umwelt nahezu unausweichlich machen. Einen lebenden Messias kann es nur einmal geben. Wer diesen Anspruch erhebt, entwertet radikal alle anderen religiösen und politischen Ansprüche. Für die Anhänger Muns mußte der Weg deshalb in die Sekte führen. Auch die von Gott für die Endzeit berufenen Propheten kann es nur einmal geben. Die Schweizer Winkelgruppe, die sich Michaelsvereinigung nennt, mußte ebenfalls Sekte werden.

Aber häufig weisen Lehre und Anspruch des Meisters nicht eindeutig in sektiererische Richtung. Ob ein Psycho-Lehrmeister sich mit dem Flair des großen Wissenschaftlers und besten Therapeuten im Land begnügt, oder ob er es beansprucht, das psychologische Heil exklusiv zu vermitteln, ist im Prinzip eine offene Frage. Es gibt Psycho-Lehrmeister mit nahezu identischen Lehren, von denen der eine zum Gründer eines Psychokults wurde und der andere diese Entwicklung (knapp) vermied. Friedrich Liebling, der Begründer der oben genannten „Zürcher Schule" und indirekt der Begründer des VPM (Verein zur Förderung der psychologischen Menschenkenntnis) glitt im Alter ins Sektiererische ab, da er seine tiefenpsychologische Heilsbotschaft immer exklusiver verstand. Als Autodidakt hatte er wenig Verbindung zum Milieu tiefenpsychologischer Forschung, es fehlten ihm akademische Titel und wissenschaftliche Anerkennung. Verehrt von einer Gemeinschaft jüngerer Anhänger, wurde er zum charismatischen Begründer einer Gemeinschaft, die seither ihr tiefenpsychologisches Eigenleben führt und die auch nach dem Tod Lieblings im Jahr 1982 nicht zur Offenheit zurückfand.

Josef Rattner war Pflegesohn Lieblings in Zürich und arbeitete in den sechziger Jahren mit ihm zusammen. Er konnte, was dem älteren Mann verwehrt wurde, studieren und akademische Titel erringen. Später trennte er sich von Liebling und sammelte in Berlin einen eigenen Anhängerkreis. Er wurde zum erfolgreichen Buchautor und erhob für seine Lehre (ebenfalls eine Variante der Individualpsychologie nach Alfred Adler) Wahrheitsansprüche, die nicht weit hinter denen seines Lehrers Liebling zurückblieben. Auch die Verehrung seiner Person reichte nahe an den Personenkult heran: In der Berliner Psychoszene kursierte für ihn der Spitzname „der heilige Josef". Aber die Einbindung in die akademische Welt und in die psychotherapeutische Fachwelt blieb doch erhalten und verhinderte es, daß sich ein Psychokult entwickelte. Das Winkeldasein der Gruppe wurde vom (teilweise erfüllten) Wunsch nach der Anerkennung der Umwelt relativiert. Eine offene Bewegung sind die Anhänger des „heiligen Josef" deshalb nicht geworden, aber ein Psychokult auch nicht. Sie verblieben im Zwischenreich einer persönlichen Bindung an den Meister, einer zwar überheblichen, aber nicht exklusiven Überschätzung der eigenen Lehre und eines mehr oder weniger normalen Lebens im Alltag unserer Gesellschaft.

Manchmal gelingt es dem Meister oder der Meisterin auch dann nicht, die Anhängerschaft an die eigene Person zu binden, wenn sie (oder er) das wollen. Ein Beispiel war der Begründer der Urschrei-Therapie, Arthur Janov, gegen Ende der sechziger Jahre. Er wurde von seinem Schülerkreis verehrt, er hatte die Rolle des charismatischen Beginners inne, und die „idealistische Phase" der Gruppe lief in typischer Form ab. Janov verbreitete seine Lehre einerseits in Bestsellern (Der Urschrei; Das befreite Kind), unternahm aber andererseits alles mögliche, die Praxis der Urschrei-Therapie in Exklusivbesitz zu behalten. Er ließ seine Methode als eingetragenes Warenzeichen schützen (primal therapy), er gründete eine Gesellschaft, die Zertifikate für die Ausübung der Therapie gegen horrende Gebühren vergab (50% der Einnahmen aus der Therapie). Er wetterte unermüdlich gegen die angeblichen Scheintherapeuten (mock therapists), die ohne sein Zertifikat Urschrei-Therapie anboten. Alles umsonst! Die Methoden waren zu einfach anzuwenden, die Versuchung, Therapeut auf eigene Rechnung zu werden, war zu groß. Die Urschrei-Therapie zersplitterte sich in zahlreiche lokale Zentren, vermischte sich mit anderen alternativen Therapierichtungen, ging als Teil der „Dynamischen Meditation" sogar in die Osho/Bhagwan-Praxis ein, und so fort. Es entstand kein Psychokult, sondern eine lockere Bewegung der sogenannten „primal people".

Arthur Janov, der charismatische Beginner, wurde nach und nach auf die Rolle eines Psycho-Unternehmers unter anderen reduziert.

Organisation, Mission und Kommerz

Zurück zu den oben erwähnten „Phasen eines Sektenlebens": An der Person, am Anspruch und an der Lehre des Meisters entscheidet es sich beim Übergang von der „idealistischen Phase" zur Organisationsphase, ob die Gemeinschaft der Anhänger sich von einem normalen Lehrer-Schülerverhältnis zu einer breiten „Bewegung" wandelt, ob es zu einer „Schule" des Denkens und Glaubens kommt, die sich in relativer Offenheit an den geistigen Auseinandersetzungen der Zeit beteiligt, oder ob der sektiererische Geist obsiegt. Im „Sektenfall" kommt es zu einer fest organisierten, geschlossenen Gemeinschaft, die sich von ihrer geistigen Umwelt isoliert, die Personenkult betreibt und sich der Autorität ihrer charismatischen Führung unterwirft.

Der Begriff „charismatisch" ist hier in einem soziologischen Sinn gemeint. Dem Begründer und Leiter der Gruppe wird eine ganz besondere Stellung zugewiesen, die ihn in den Augen der Anhänger vor anderen Menschen auszeichnet. Zu einem charismatischen Führer gehört die nahezu unbegrenzte Autorität – nicht aber unbedingt der Mißbrauch dieser Autorität. Zwar ist der Mißbrauch eine große Gefahr, aber er kann unterschiedlich ausgeprägt sein und auch einmal ausbleiben. In gewisser Weise kann man es bereits als einen Mißbrauch einer charismatischen Rolle ansehen, wenn die Anhängerschaft sich in Richtung einer geschlossenen Gemeinschaft entwickelt.

Auch die Unabhängigkeit von der Tradition gehört zum Begriff charismatischer Führerschaft hinzu. Eine Gruppe, die von einer solchen Führungsgestalt geprägt wird und die noch dazu in ihrer Aufbruchphase steckt, ist für die Umwelt unberechenbar, unterwirft sich kaum einer Kontrolle und ist Kompromissen abgeneigt. All das muß nicht schlecht sein. Auch die großen Weltreligionen begannen mit einem charismatischen Gründer und seiner Anhängerschaft, ebenso die meisten fruchtbaren Erweckungs- und Erneuerungsbewegungen in bestehenden Religionen. Die Folgen der charismatischen Aufbruchstimmung sind so gut oder so schlecht wie die Sache, um die es geht, und wie die Menschen, die sie umsetzen. Die sektiererische Entwicklung ist nur eine unter mehreren Möglichkeiten – allerdings die schlechteste – wie die Geschichte des Aufbruchs weiter gehen kann.

Wenn es dem charismatischen Führer in der Organisationsphase gelingt, die Bindung der neu Überzeugten an die eigene Person zu bewahren und sogar zwingend werden zu lassen, kann sich die Gruppe zu einer geschlossenen Gemeinschaft entwickeln. Die emotionalen Abhängigkeiten werden in Rituale überführt, der Zugang der Anhänger zum Meister wird organisiert. Mittelspersonen treten auf, die das Vertrauen des Meisters haben und seine Autorität für die einfachen Anhänger verwalten. Der unmittelbare Kontakt wird zum Privileg weniger, es bilden sich eine Hierarchie und eine Funktionärskaste. Schließlich muß die Lehre niedergeschrieben und kodifiziert werden, damit sie allen Anhängern zugänglich gemacht werden kann. Im Gruppenalltag tritt die Autorität der richtigen Ideen an die Stelle der unmittelbaren Autorität des Meisters.

Mit der Organisationsphase verbunden ist die Missionsphase. Sobald eine Organisation sich stabilisiert hat, will und muß sie sich ausbreiten – in der Regel sogar über ihr Ursprungsgebiet hinaus in andere Staaten und Kulturen. Die organisierte Mission erfordert einen Lernprozeß, der zu Anfang sehr wohl scheitern kann, und viel Geld. Dadurch kommt es zur Kommerzphase, in der die Anhäufung wirtschaftlicher (und auch politischer) Macht immer mehr in den Vordergrund rückt und zum Selbstzweck werden kann. Ohne innere Erschütterungen und Umbrüche, auch ohne Spaltungen, geht all das selten ab. Die Missions- und die Kommerzphase erfordern andere Führungsqualitäten als die Anfangsphase der Bewegung. Fachkenntnisse, Anpassungsfähigkeit, auch eine gewisse Skrupellosigkeit bringen nun Erfolg. Es kann zu Machtkämpfen zwischen den Vertretern der ursprünglichen Ideale und der neuen Funktionärskaste kommen, zu Trennungen und – wie es Minhoff und Lösch nennen – zu einer vorübergehenden Korruptionsphase. Auf lange Sicht wirkt sich die Ausbreitung und die Anhäufung von Geld aber stabilisierend aus. Ist ihre Existenz wirtschaftlich gesichert, hat die Gemeinschaft ihre Entwicklung erst einmal durchlaufen.

Ein solcher Ablauf läßt sich – natürlich mit erheblichen Abwandlungen – immer wieder auffinden. Aber es muß betont werden, daß er nicht sektentypisch, sondern in irgendeiner Form unausweichlich ist. Jede weltanschauliche Gemeinschaft muß sich organisieren, wenn sie eine gewisse Größe erreicht hat. Jede muß für eine wirtschaftliche Basis sorgen, von der ihre Institutionen leben können. Es kann keine stabile Religionsgemeinschaft ohne Machtstrukturen und ohne wirtschaftliche Aktivitäten geben – übrigens auch keinen Sportverein und keine politische Partei. Die Ansicht, Machtausübung und Gelderwerb widersprächen an sich schon dem Wesen der Religion – oder einer ideologischen Utopie –, ist unhaltbar. Selbst der Hindu-Asket muß von frommen Dorfbewohnern ernährt werden, auch wenn er nicht betteln geht. Und sobald sich mehr als ein Asket in einem Ashram sammeln, bilden sich Machtverhältnisse aus. Darum kann man den Sekten die Machtausübung oder den Gelderwerb nicht an sich vorwerfen. Es kommt auf das „wie" von Machtverhältnissen und Besitzstreben an. Darüber wird später noch mehr zu sagen sein.

Bhagwan/Osho – ein lehrreicher Sonderfall

Es ist interessant, in diesem Zusammenhang die Besonderheiten der Bhagwan/Osho-Bewegung zu betrachten, die zwischen 1980 und 1987 mehr als alle anderen neuen religiösen Bewegungen in die Schlagzeilen der Weltpresse geriet. Ihre Anhänger waren besonders stark auf persönliche Weise mit dem Guru Shree Rajneesh verbunden. Der Meister war mit seiner Guru-Energie angeblich immer gegenwärtig, von ihm wurde in erotischer Leidenschaft gesprochen, auf ihn waren die Sanjassin (die Gefolgsleute Bhagwans, die Träger der Mala) emotional fixiert. Und Bhagwan genoß diese persönliche

Verbindung. Man hatte den Eindruck, auch er lebte emotional von seinen Auftritten vor tausenden jubelnder, singender, tanzender Leute. Eine typische „Organisationsphase" der Sekte im oben genannten Sinn gab es zwar auch, aber sie störte zuerst einmal die unmittelbare Beziehung zum verehrten Meister.

Anfang der achtziger Jahre war die Gruppe durch eine rege wirtschaftliche Tätigkeit der Ashrams wohlhabend, und durch einen Zustrom westlicher Intellektueller zahlenmäßig sehr groß geworden. Bis zu 500 000 Menschen weltweit sollen sich auf dem Höhepunkt der Bewegung im Dunstkreis der Bhagwan-Verehrung bewegt haben. Während Rajneesh mit vielen seiner Anhänger von 1981 bis 1985 auf der ausgebauten Ranch Rajneeshpuram in Oregon residierte, flossen die Gelder aus den übrigen Ashrams dorthin, ganz zu schweigen von dem Tausende zählenden Pilgerstrom, der große Summen in die Kassen schwemmte.

Was die Finanzen anging, hatte die Bhagwan-Bewegung die Organisationsphase damals längst hinter sich, die Missions- und die Kommerzphase liefen auf vollen Touren. Aber die Innenstruktur der Gruppe war noch immer recht locker. Es gab einen Kern fester Anhänger, aber auch eine große Zahl entfernter Gefolgsleute, gelegentlicher Kursbesucher, Leser der unzähligen Bhagwan-Bücher usw. Von einer verbindlichen Lehre und von geschlossenen Gruppengrenzen konnte keine Rede sein. Kriterium der Anhängerschaft war immer noch weitgehend die persönliche Bhagwan-Verehrung, was wohl im Sinne des schlitzohrigen Charismatikers Rajneesh war.

Trotzdem schien es in Oregon zuerst nach dem üblichen Schema weiterzugehen. Die gruppenintern zur Macht gekommene Ma Anand Sheela (Silverman) versuchte, anfangs wohl mit Zustimmung Rajneeshs, die organisatorischen Defizite der Bewegung zu beheben und eine regelrechte Bhagwan-Religion ins Leben zu rufen. Die Lehre des Meisters sollte kodifiziert werden, es sollte unter ihrer Führung eine Hierarchie von Funktionären etabliert werden, die Außenbeziehungen sollten straff organisiert werden usw. Es wurde sogar ernsthaft versucht, durch die kriminelle Manipulation von Wahlen die politische Macht in dem Verwaltungsbezirk (County) zu erringen. Dieser Versuch, die Organisationsphase konsequent abzuschließen, scheiterte zum Teil an Sheelas Macht- und Geldgier, die zu viele innere und äußere Widerstände hervorriefen. Aber vor allem scheiterte dieser Versuch an Bhagwan selbst. Er wollte letztlich doch die charismatische Anfangsphase seiner Bewegung konservieren, er wollte der von seinen Anhängern direkt und spontan gefeierte Guru bleiben. Er warf seine Autorität in die Waagschale, bevor es zu spät war. Die Politik Sheelas wurde verdammt, die Rajneesh-Bibel wurde verbrannt, die Bhagwan-Religion für tot erklärt, und der Meister ließ sich später Osho nennen.

Bhagwans Absage an eine geschlossene Organisation der Gruppe trug stark dazu bei, daß Ende der achtziger Jahre aus den vielen „Ehemaligen" der Bhagwan/Osho-Bewegung eine Art Bhagwan-Strömung wurde, die unabhängig vom Meister ihre Wirkung entfaltete. Heute prägen die Ex-Sanjassin die Szene der New-Age-Zentren und New-Age-Therapien in der westlichen Welt. Gut ein Drittel der Anbieter auf dem alternativen Esoterik- und Psychomarkt hat eine Bhagwan-Vergangenheit. Die Bhagwan/Osho-Gruppe im engeren Sinn existiert zwar ebenfalls noch. Das nach dem Desaster in Orgeon 1987 wieder eingerichtete Zentrum in Poona (Indien) floriert auch nach dem Tod des Meisters weiter. (Bhagwan/Osho starb 1990 in Poona.) Aber noch immer sind die Organisationsstrukturen der Gruppe eher kommerzieller als religiöser Art. Das Zentrum in Poona wird von Besuchern als ein meditatives Holiday-Inn beschrieben, und ähnliches gilt – in kleinerem Maßstab – für die deutschen Ashrams. Sie ließen sich von New-Age-Zentren im Angebot kaum unterscheiden, würde nicht der bärtige Meister permanent von Plakaten oder Bildschirmen herunterlächeln. In gewissem Sinn hat die Bewegung also ihre „Organisationsphase" nie völlig hinter sich gebracht, und sie ist folglich nie zu einer voll und ganz auf Dauer angelegten Guru-Gruppe geworden.

Häufig ist es jedoch anders: Die erste Generation der Anhänger bringt es zu einer stabilen Weltanschauungsgemeinschaft, die ihrer Umwelt gegenüber als eine ideelle, organisatorische und wirtschaftliche Einheit dasteht. Wie geht es dann weiter?

Das Schema von Minhoff und Lösch erfaßt nicht mehr, was nach zwei Jahrzehnten oder in der zweiten und dritten Generation geschieht. Die Kinder, die innerhalb der Gemeinschaft aufwachsen, sind in einer anderen Lage als erwachsene Konvertiten. Erwachsene verlassen bewußt (wenn auch nicht immer, ohne zu diesem Schritt hin manipuliert worden zu sein) ihre bisherige Lebenswelt und nehmen andere Ideen, Werte und Verhaltensweisen an. Sie erwarten Spannungen und Konflikte geradezu, und sie sind bereit, diese für die gute Sache oder für den wahren Glauben durchzukämpfen. Die Konversion führt automatisch zu Engagement, sei es in der Mission oder in der Anhäufung von Macht und Geld.

Außerdem kennen die Konvertiten das Leben „draußen", sie sind dafür prinzipiell immer noch kompetent – auch wenn sie dieses Leben hinter sich lassen wollen. Treten sie aus der Gruppe aus oder werden sie ausgeschlossen, kann sich die frühere Identität wieder einstellen, wenn auch unter vielen Zweifeln und großem seelischen Leiden.

Die „Sektenkinder" dagegen können von vornherein nur eine eingeschränkte Kompetenz für das Leben in der Außenwelt erwerben. Auf der anderen Seite sind die Ideale und die Kämpfe der Sekte für sie nicht so wichtig wie für die Konvertiten, sie sind einfach „das, was man denkt und tut" – irgendwie selbstverständlich, aber auch gewohnt und vielleicht sogar öde. Die Gemeinschaft muß sich auf diese veränderte Befindlichkeit ihres Nachwuchses einstellen, sie kann nach der ersten Generation nicht mehr nur für Konvertiten da sein. Sie muß Eifer und Engagement der nächsten Generation durch bewußt erzeugten Innen- und Außendruck anheizen, wie es die Zeugen Jehovas tun, um ständig eine „Situation an der Grenze" zu schaffen. Es ist kein Zufall, daß die Zeugen Jehovas seit drei Generationen immer (aus ihrer Sicht) wenige Jahre vor der Wiederkunft Christi leben. Die Munies erwarteten in den siebziger und achtziger Jahren in jeder Dekade etwa zweimal den großen Durchbruch zur „Vereinigung des Weltchristentums" unter dem neuen Messias Mun.

Will eine Gruppe die permanente Grenzsituation nicht von innen heraus provozieren, muß sie sich in irgendeiner Form an ihre Um-

gebung anpassen, sie muß ihren Anhängern alltägliche Lebensmög-
lichkeiten anbieten. Dafür muß sie ein Abkühlen des ersten Feuers
in Kauf nehmen, so wie es die Neuapostolische Kirche mehr oder
weniger tut. Viele der früheren Jugendreligionen stehen jetzt, während die erste Generation der „Sektenkinder" erwachsen wird, vor
der Entscheidung, wohin ihre weitere Entwicklung gehen soll.

Man muß die demographische Zusammensetzung besonders der
Jugendreligionen bedenken: In der Entstehungsphase handelt es
sich mehrheitlich um Konvertiten, also um junge Erwachsene. Es
gibt wenig Kinder, wenig alte Leute und wenig Verpflichtungen
ihnen gegenüber. Das ändert sich im Lauf der Zeit, Familien entstehen (außer in zölibatären Gruppen), und die Gemeinschaft muß
entweder auf die Familienbindungen ihrer Anhänger Rücksicht
nehmen, oder sie zu neutralisieren versuchen – zum Beispiel durch
außerfamiliäre Kinderbetreuung. Die veränderte Lebensperspekti-
ve der älter gewordenen Anhänger führt häufig zur Distanzierung
von der Gemeinschaft und zum Ausstieg, was durch rege Missionstätigkeit ausgeglichen wird. Der „Durchsatz" an Mitgliedern ist
aber kaum je so stark, daß das Durchschnittsalter der Gruppe nicht
ansteigt. In jedem Fall steigt das Durchschnittsalter der verantwort-
lichen Funktionäre, da sie weniger als einfache Mitglieder dazu
neigen, die Gemeinschaft wieder aufzugeben. Erfahrung und Kom-
promißbereitschaft nehmen zu, die Innen- und Außenbeziehungen
wandeln sich.

Nach dem Massaker von Jonestown

Die Jugendreligionen verursachten in ihrer Missions- und Kommerzphase (um dem obigen Schema zu folgen) zahlreiche Konflikte. Die Konflikte ergaben sich mit den Angehörigen der neubekehr-
ten jungen Leute, mit Behörden und mit den großen Kirchen. In
den USA kam es schon früher zu ähnlichen Konflikten. Dort wurden die problemträchtigen Gruppen „destructive cults" genannt
und von der großen Zahl der klassischen, angepaßteren Sekten und
der (oft ziemlich exzentrischen) Freikirchen unterschieden. Der

abwertende Begriff „cult" trat damit neben den neutralen Begriff der „denomination", der so etwas wie „Konfession" oder Freikirche bedeutet. Dabei muß man bedenken, daß in den USA laut Verfassung alle Kirchen Freikirchen sind und alle Religionsgemeinschaften vom Staat getrennt existieren. Der abwertende Beiklang von „cult" ist im amerikanischen Kontext ethisch und nicht religiös zu verstehen. Die amerikanische Vorstellung von Religionsfreiheit, die in der Bevölkerung tief verwurzelt ist, verbietet es, eine religiöse Gruppe wegen ihrer religiösen Ideen abzuwerten.

Die amerikanische Form der Sektenkritik richtet sich also gegen den inhumanen Umgang mit den Anhängern, gegen finanzielle und andere Ausbeutung, gegen manipulative Methoden der Mitgliederwerbung, gegen die Täuschung der Öffentlichkeit über die wahren Ziele der Gruppe usw. Diese Kritik kam mit den kritisierten Gruppen über den Atlantik auch nach Europa, vor allem durch schockierte und verletzte Angehörige neugeworbener Sektenmitglieder. Die Eltern- und Betroffeneninitiativen gegen „Kultgefahren", die damals entstanden, wurden nach amerikanischem Vorbild aufgebaut. Es wurde in Anlehnung an den amerikanischen Sprachgebrauch von „destruktiven Kulten" gesprochen, obwohl der Begriff Jugendreligion (sehr bald auch Jugendsekte) ebenso benutzt wurde. Dadurch kam es nach und nach zu einer Säkularisierung und „Amerikanisierung" des Begriffs Sekte in unserer Umgangssprache.

Ein Ereignis schließlich prägte das Sektenbild der Öffentlichkeit in Europa und in den USA mehr als alle anderen Erfahrungen: Im November 1978 begingen 914 Mitglieder der Sekte „Peoples' Temple" (Volkstempel) in Guayana auf Befehl ihres Führers mit Gift Selbstmord. Wer sich sträubte, wurde ermordet – Männer, Frauen und Kinder. Unter den Opfern waren viele Kinder, die dem „Peoples' Temple" vom Staat Kalifornien als Pflegekinder überlassen worden waren. Die Behörden hatten vergeblich versucht, sie aus Guayana zurückzuholen – die Kinder starben im privaten Holocaust eines größenwahnsinnigen Sektierers.

Die kalifornische Extremgruppe „Peoples' Temple" hatte christliche Wurzeln und war nicht von Anfang an derart radikal aufgetreten. Nach einem Prozeß immer stärkerer Radikalisierung mußte sie sich aufgrund zahlreicher Konflikte mit Behörden und Polizei nach Guyana in die nach ihrem Führer benannte Siedlung „Jonestown" zurückziehen. Der Sektenführer, Jim Jones, war bereits damals für seine mörderische Gewaltbereitschaft gegenüber Kritikern und Aussteigern bekannt. Er hatte schon einige Zeit lang angedroht, sich mit allen Anhängern zusammen in einer „white night" (weißen Nacht) umzubringen. Der Auslöser des „würdigen Tods", den der fanatische Sektierer schließlich sich und seinen Anhängern bereitete, war ein Mordanschlag auf einen Kongreßabgeordneten und seine Begleitung. Die Delegation, die Jones' Machenschaften untersuchen wollte, wurde auf dem Flughafen von Guayana von den Sektierern niedergeschossen, zwei Menschen starben. Danach sah Jones keinen Ausweg mehr als die Selbstvernichtung, in die er seine Anhänger hineinzog.

Durch dieses grauenhafte Ereignis wurde das Wort Sekte noch stärker als vorher zur Bezeichnung für ein gefährliches Krankheitssymptom der Gesellschaft. Die Sekte als Glaubensabspaltung bzw. als religiöse Sondergruppe geriet immer mehr aus dem Blickfeld. Im Mittelpunkt der Diskussion standen die seelische Abhängigkeit der Anhänger und die absolute Macht ihres Führers. Welche dämonische Deformation menschlichen Denkens und Fühlens bewegt erwachsene Menschen zu Mord und Selbstmord auf Befehl eines Sektenchefs hin? Diese Frage, die Frage nach der totalitären Macht religiöser und ideologischer Führer und der Abhängigkeit von ihnen, wird seither durch immer neue Schreckensmeldungen wachgehalten. Besonders in den waffenfreundlichen USA wird immer wieder von Untaten der Sekten und neuen religiösen Bewegungen berichtet.

Da gab es von oben befohlene Morde in einer Hare Krischna-Kommune. Da gab es die großen Waffenlager in der Osho/Bhagwan-Siedlung Raijneeshpuram in Oregon. Giftanschläge gegen die Bevölkerung und interne Mordversuche wurden von Sheela angestiftet und von führenden Sanjassin begangen. Da gab es Morde von „Todesengeln", die eine extreme Neuoffenbarungssekte in den USA gegen ihre Feinde ausschickte, und schließlich folgte im Frühjahr 1993 das Drama von Waco, Texas.

Als die Polizei ein festungsähnliches Anwesen der Sekte „Branch Davidian" (Zweig Davidianer) namens „Ranch Apocalypse" in Texas durchsuchen wollte, kam es zu einer Schießerei. Mindestens vier Polizisten starben, dazu wahrscheinlich sechs Sektenmitglieder. Sechzehn Beamte wurden zum Teil schwer verletzt. Der Sektenführer Vernon Wayne Howell, der sich David Koresh nannte und sich für den wiedergekommenen Jesus Christus hielt, erwartete das Ende der Welt und den sofortigen Einzug als Herrscher in den Himmel, falls er in dem Kampf getötet werden sollte. 400 Polizisten, gedeckt von Panzern der Armee, belagerten anschließend das mit Lebensmitteln und Waffen versehene Anwesen 51 Tage lang, bis sie zum Angriff übergingen. Das Ergebnis war eine grauenhafte Wiederholung des Massakers von Jonestown: Die Sektierer zündeten die Gebäude an und suchten den Flammentod, ob auf Befehl ihres Führers oder aus eigenem Antrieb, ist unbekannt. Auch Howell kam in den Flammen um. 86 verkohlte Leichen fand man in den Trümmern. Darunter waren vermutlich etwa zwanzig Kinder. Nur wenige Menschen wurden lebend aus dem Flammenmeer geborgen.

Wie kam es zu dieser Katastrophe? Die Davidianer gingen 1934 aus einer Abspaltung von den Siebenten-Tags-Adventisten (Seventh Day Adventists) hervor, die früher zu den klassischen Sekten gezählt wurden. Der Gründer der Davidianer, ein bulgarischer Immigrant namens Victor Houteff, ließ sich 1935 in Waco nieder. Heute gehören ungefähr 2000 Menschen zu dieser Splittergruppe, die sich intern weiter aufspaltete. Aus dem Adventismus stammt neben der sogenannten Sabbatheiligung (Ruhetag am Samstag) die endzeitliche Ausrichtung all dieser Splittergruppen. Man erwartet das Ende der Welt in Kürze, man tritt mit dem Anspruch auf, Menschen noch kurz vor dem Ende zu retten – und leider allzuoft auch mit dem Anspruch, ganz allein diese Rettung vollbringen zu können. Man diffamiert alle übrigen Kirchen als abgefallen, als die verdammte Hure Babylon – und zwar häufig mit der merkwürdigen Begründung, daß die Sonntagsheiligung in der Bibel als „Malzeichen des Tieres" und „Machtzeichen der abgefallenen Kirchen" vorhergesagt sei.

Die Siebenten-Tags-Adventisten selbst nähern sich übrigens – trotz

ihres apokalyptischen Glaubensguts und obwohl sie darauf bestehen, statt den Sonntag (erster Wochentag) den Samstag (siebter
Wochentag) als Ruhetag zu feiern – seit Jahrzehnten an die Ökumene der christlichen Kirchen an. Sie haben Gaststatus in der Arbeitsgemeinschaft Christlicher Kirchen (ACK) und werden kaum mehr
als Sekte gesehen. Ganz anders die aggressiven Splittergruppen aus
der adventistischen Tradition, die sich wie die Davidianer zum Teil
immer mehr radikalisierten. Durch eine der inneren Spaltungen
kam Vernon Howell 1984 in einem Teil der Gruppe an die Macht.
1987 wurde von einer gewalttätigen Auseinandersetzung zwischen
ihm und einem anderen Mann berichtet, der in der Gruppe einen
Führungsanspruch erhob. Es gab eine Schießerei, und Howell mußte deswegen vor Gericht, wurde aber nicht verurteilt. Wann er zu
behaupten begann, er sei selbst der wiedergekommene Christus, ist
unbekannt. Aber damit beanspruchte er auch die absolute Macht
über Leib und Leben seiner Gefolgschaft. Um seine Macht durch-
zusetzen, umgab er sich während der Belagerung in Waco mit einer
bewaffneten Leibgarde (die „mighty men" oder mächtigen Männer), die jede Widersetzlichkeit unter den Anhängern verhinderte.
Bezeichnenderweise gehörten sechs von neun geretteten Sektierern
zu dieser Leibgarde, während die vielleicht zum Teil mit Gewalt
festgehaltenen Frauen und Kinder sterben mußten.

*Auch in Deutschland gibt es aggressive, adventistische Splitter-
gruppen mit apokalyptischer Ausrichtung:*
Nun wissen wir, was mit der dreifachen Engelsbotschaft aus
Offenbarung 14 gemeint ist:
1. Sie sagt uns, daß das Gericht (d.h. die Entscheidung über
unser ewiges Leben) jetzt vor dem himmlischen Richterstuhl
stattfindet (Vers 6.7).
2. Sie sagt uns, daß auch der Protestantismus gefallen (Vers 8)
und in bezug auf Offb 18,1–5 „eine Wohnung der Teufel und
jeden falschen Geistes geworden ist." Allen aufrichtigen Christen (seinem Volk) wird von dem Engel zugerufen: „Geht aus ihr
hinaus, mein Volk, damit ihr nicht an ihren Sünden teilhabt und
damit ihr nicht von ihren Plagen empfangt ..." Offb 18,4.

3. Eine sehr ernste und liebevolle Warnung Gottes an die ganze Welt: Alle, die das Papsttum oder sein Bild anbeten, indem sie sich dem Zwang der Sonntagsheiligung wider besseres Wissen unterwerfen, werden das Malzeichen des Tieres empfangen und den ewigen Tod erleiden (Offb 14,9–11).

4. Vers 12 zeigt uns die Gruppe von Menschen, die das Malzeichen des Tieres nicht erhält. Sie halten alle Gebote Gottes (auch das Sabbatgebot des siebten Tages) und haben den Glauben Jesu.

(Aus einem beim evangelischen Kirchentag 1993 in München verteilten Flugblatt der Missionsgesellschaft zur Erhaltung und Förderung adventistischen Glaubensgutes e.V., Berlin)

Die Davidianer sind ein Beispiel dafür, daß eine Sekte vom klassischen Typus eine Radikalisierung durchlaufen kann, deren Folgen schlimmer sind als das, was die meisten „Jugendsekten" anrichten. Sie sind auch ein Gegenbeweis gegen die These einiger Sozialwissenschaftler, die nach dem Massaker von Jonestown dieses Ereignis für von besonderen Umständen bewirkt, praktisch einmalig und so gut wie unwiederholbar erklärten. Vor einiger Zeit erst drohte in der Ukraine ein ähnlicher Massenselbstmord wie in Jonestown, angestiftet von den Führern einer orthodox-spritistischen Sekte namens „Weiße Bruderschaft". Die Polizei konnte die Tragödie im letzten Moment verhindern. Nicht verhindert werden konnte das Massaker, das die Sekte der sogenannten Sonnentempler (Orden des Sonnentempels) in der Schweiz und in Kanada anrichteten. Die Gruppe, die in der Schweiz unter dem Namen „La croix et la rose" bekannt war, inszenierte die rituelle Selbsttötung von Dutzenden von Menschen, einige wurden vorher ermordet, darunter ein drei Monate altes Baby. Unter den Toten waren auch die beiden Sektenführer Joseph Di Mambro und Luc Jouret.

Im Unterschied zu den Tragödien von Jonestown und Waco wurde das Massaker der Sonnentempler offenbar von diesen angestrebt und lange vorbereitet. Es handelte sich um eine geplante Tat religiösen Wahns, nicht um die Reaktion auf eine (aus der Sicht der Führung) ausweglose Situation. Die Gruppe entstand 1984 dadurch, daß sich Luc Jouret von einer Okkultgruppe namens ORT (erneuerter Templerorden) trennte, die wiederum eine der vielen Abspaltungen vom esoterischen Orden der Rosenkreuzer darstellt. Zur Rosenkreuzer-Tradition gehört die Überzeugung, man könne durch mystische Erkenntnis höhere Seinssphären erreichen und zu einer Art übermenschlichem Geistwesen werden. Der Tod wird für den Geist des Menschen als unwesentlich oder lediglich als Übergang zu höheren Lebensformen betrachtet. Zu dieser Abwertung des Todes und dem Streben nach Selbstvergottung kamen im Fall der Sonnentempler wohl apokalyptische Ängste hinzu. Jouret war überzeugt davon, daß der Weltuntergang unmittelbar bevorstand, und er empfahl seinen Anhängern, sich mit Waffen zu versehen. Offenbar glaubten die Sektenmitglieder, durch den Tod hindurch in einer anderen, höheren Welt weiterleben zu können. Statt dessen kostete der inszenierte Massenwahn 53 Menschen das Leben.

Eine neue Dimension erreichte der Sektenterror, als im März 1995 zwölf Menschen in Tokio durch das Nervengift *Sarin* ums Leben kamen und tausende verletzt wurden. In Verdacht geriet die neureligiöse Gruppe Aum Shinrikyo, die erst 1986 von Shoko Asahara gegründet wurde. Die Hintergründe des Vernichtungswillens dieser Gemeinschaft sind noch unklar, aber es scheint sich um die Folge politischer Wahnvorstellungen zu handeln. Der Sektenchef erwartet das Weltende für 1997.

Doch man sollte trotz aller Greueltaten nicht vergessen: So sehr Schreckensmeldungen aus radikalen Gruppen den Begriff „Sekte" heute prägen, die meisten Konflikte mit den „neuen religiösen Bewegungen", mit den Psychokulten und Politsekten laufen anders ab. Die Ursachen der Konflikte werden in Kapitel IV näher betrachtet werden. Zum Schluß soll zusammengefaßt werden, welche Merkmale nach den Erfahrungen der siebziger Jahre zum Sektenbegriff der Umgangssprache gehören:

- die Geschlossenheit der Gemeinschaft, die klaren Grenzen zwischen Anhängern und Außenstehenden, die normierte Lebenspraxis im Innern;
- die abseitigen und/oder kulturell fremden Ideen, die nicht ver-

mittelbaren Glaubenswelten und Lebensorientierungen, die fanatisch vertreten werden;
- die Konflikte mit der Umwelt, vor allem persönliche Konflikte mit Angehörigen von Mitgliedern und juristische Konflikte mit Behörden;
- die Abhängigkeit der Mitglieder von einer charismatischen Führungsfigur beziehungsweise von einer Hierarchie, die Lehre und Praxis autoritär bestimmen.

Es ist durch das Auftreten der neuen religiösen Bewegungen, der Psychokulte und Politsekten notwendig geworden, diesen säkularen, umgangssprachlichen Sektenbegriff von einem christlich-theologischen Sektenbegriff zu unterscheiden. Solange es fast nur klassische Sekten in Europa gab, trafen beide Begriffe in der Regel auf die selben Gruppen zu. Davon kann heute keine Rede mehr sein.

III. Sekten und Sektenexperten heute

Große Mühsal hat Gott dem Menschen zuge-
teilt, ein schweres Joch ihnen auferlegt ... ihr
Grübeln und die Angst ihres Herzens, der Ge-
danke an die Zukunft, an den Tag ihres Todes.
(Sir 40,1-2)

Gemeinschaften von „Nicht-Zustimmern"

Im alltäglichen Sprachgebrauch steht „Sekte" heute für eine zahlenmäßig relativ kleine, geschlossene und konfliktträchtige religiöse
Gruppe, manchmal auch für eine politische und psychologische
Gruppe, die ähnliche Konflikte verursacht. Das Adjektiv „sektiererisch" wird ausschließlich in diesem Sinn benutzt. Daneben gibt es
eine zweite Bedeutung: Eine Sekte ist eine durch Abspaltung von
einer größeren Religion entstandene, relativ kleine und häufig exklusive Gemeinschaft. Ihre wesentlichen Merkmale liegen in ihrer
von der Mutterreligion abweichenden Lehre und Praxis. Was
christliche Sektierer sind, muß aus dieser Sicht von der christlichen
Ökumene her bestimmt werden, was Hindu-Sekten sind, vom
Hauptstrom des Hinduismus aus usw.
Die zweite Bedeutung wird immer mehr zum Fachwort in Theologie, Soziologie und Religionswissenschaft, sie verschwindet aus der
Umgangssprache. Die Bedeutungsfelder überschneiden sich teilweise, decken sich aber nicht. Eine ganze Reihe von „Sekten" im
umgangssprachlichen Sinn stellen keine Sekten im zweiten, speziellen Sinn dar. Daher haben wir es beim Wort „Sekte" mit einem
Begriff zu tun, der auf absehbare Zeit eine doppelte Bedeutung
haben wird. International und interkulturell wird in der Regel der
säkulare Sektenbegriff benutzt: 1993 fand in Dharamsala, Indien, in
Anwesenheit des Dalai Lama eine Konferenz von Repräsentanten
der im Westen vertretenen buddhistischen Traditionen statt. Es ging

darum, auf welche Weise der Buddhismus in Europa und Nordamerika weitergegeben werden kann. In dem offenen Brief, der die Ergebnisse zusammenfaßt, heißt es: „Im Westen leben viele verschiedene buddistische Traditionen Seite an Seite, daher sollten wir uns stets vor Sektierertum hüten. Eine parteiliche Haltung resultiert häufig aus Mangel an Verständnis und fehlender Wertschätzung für alles außerhalb der eigenen Tradition." (aus der Zeitschrift der Deutschen Buddhistischen Union).

Sektierertum wird also, ganz im Sinn des umgangssprachlichen, säkularisierten Sektenbegriffs, als Exklusivität der eigenen Gruppe und als Neigung zu Konflikten mit anderen Gruppierungen bestimmt. Die Heilmittel sind Verständnis und Wertschätzung für andere; das Gegenteil des Sektierertums ist die buddhistische Ökumene. Um bestimmte Lehrmeinungen, um die Frömmigkeitspraxis, usw. geht es erst einmal nicht.

Anzeige im „Schwarzwälder Boten" 18. 8. 1993:
Sensitive Seele (w., 42) s. Mitwandernde für den lichtvollen Weg der Herzensöffnung. Basis: Gott, Seelenreifung, Natur, keine Angst vor Stille. Keine Sekten etc. Wohne ...

Auch die hier wiedergegebene Anzeige ist typisch für die umgangssprachliche Verwendung des Wortes Sekte. Die „sensitive Seele" will keine Zuschriften von organisierten, radikalen Gruppen, die ihr verbindlich sagen, wo es lang geht auf dem „lichtvollen Weg der Herzensöffnung". Religiöse Inhalte werden nicht abgelehnt, abgelehnt wird ein sektiererisches Auftreten, eine sektiererische Struktur und sektenhafte Ansprüche. Ob eine Gemeinschaft abseitige Ideen vertritt, hat dabei erst einmal keine Bedeutung. Der Pluralismus der Wahrheiten in unserer Gesellschaft führt zur Gleichgültigkeit gegenüber Irrtümern, selbst gegenüber offensichtlicher Unvernunft in organisierter Form. Kaum jemand bezeichnet eine Gemeinschaft, die sich der UFO-Forschung widmet, als Sekte, obwohl ihre Ideen schrullenhaft genug sein mögen. Aber solange sie aus honorigen Damen und Herren mit guten Manieren besteht, die im Stil eines Kreisparteitags der FDP über außerirdische Intelligenzen debattieren, wird sie nicht als Sekte wahrgenommen.

Gegenüber den Glaubensvorstellungen der klassischen Sekten herrscht sowieso Toleranz. Je weiter unsere Gesellschaft sich entkirchlicht, desto weniger Bedeutung haben innerchristliche Differenzen für die Öffentlichkeit. So wie die Konfessionsunterschiede zwischen Katholiken und Protestanten bedeutungslos werden, wird auch der absolute Heilsanspruch klassischer Sekten bedeutungslos – es sei denn, er ruft menschliche und moralische Konflikte hervor. Die Neuapostolische Kirche und die Zeugen Jehovas sind theologisch nahezu gleich radikal. Sie setzen sich als Endkirchen gleichermaßen absolut, verweigern gleichermaßen die christliche Ökumene und verfügen beide über Institutionen, die den Besitz von Wahrheit und Heil garantieren – das Stammaposteltum auf der einen, die Wachtturm-Gesellschaft auf der anderen Seite. Trotzdem verhalten die Neuapostolischen sich als Gruppe und als Individuen weniger extrem als die Zeugen, und folglich werden erstere in der Öffentlichkeit eher wie die Freikirchen behandelt, letztere eher wie die „destruktiven Kulte".

Im umgangssprachlichen Sektenbegriff spiegelt sich der Wandel unserer Gesellschaft wider. Die Sektierer sind heute wie früher diejenigen, die mit den allgemein akzeptierten Wahrheiten nicht übereinstimmen, mit denen die Kultur der Mehrheit (vor allem der Staat) sich selbst begründet. Sie sind die grundsätzlichen „Nichtzustimmer" oder Dissenter, und Sekten sind Gemeinschaftsbildungen der Dissenter. Diese Bestimmung des Sektierertums hat sich nicht geändert, wohl aber die allgemein akzeptierten Wahrheiten, auf die sich unsere Gesellschaft stützt oder stützen will. In der Zeit der Einheit von christlicher Kirche, Kultur und Staat war jede religiöse Gemeinschaftsbildung außerhalb der Kirche Sektiererei, solange diese Einheit von der Mehrheit der Menschen empfunden und gelebt wurde. In einer späteren Zeit, in der die Mehrheit vom Christentum nicht mehr viel wissen wollte, in der ein milder Gottesglaube mit moralischen Konsequenzen aber als unverzichtbar für das Gemeinwesen galt, und in der die Kirchen als Institutionen diesen Glauben vertraten, wurden die erwecklichen Gruppen (denen das nicht genügte) als Sekten von Eiferern angesehen, aber ebenso die Unitarier und die Theosophen. So lagen im wesentlichen die Dinge noch in den ersten Jahrzehnten des 20. Jahrhunderts.

Heute gibt es keine religiösen „öffentlichen Wahrheiten" mehr, auch nicht einen kleinsten gemeinsamen Nenner des Gottesglaubens wie im 19. Jahrhundert. Folglich sind die Sektierer heute für die Öffentlichkeit nicht mehr diejenigen, die vom religiös Anerkannten abweichen. Sektierer sind diejenigen, die von den noch existierenden gemeinsamen Überzeugungen abweichen – und das sind fast nur noch ethische Überzeugungen, die den Umgang mit Menschen betreffen. Unsere Kultur beruht auf einem nicht religiös, sondern ethisch begründeten Humanismus, auf starken Überzeugungen, die festlegen, wie menschlich mit Menschen umzugehen ist und wie ein „gutes Leben" für einen Menschen aussehen sollte. Begriffe wie Menschenwürde, Menschenrechte, Freiheit, Toleranz, Selbstentfaltung, Selbstverwirklichung bezeichnen die Orientierungspunkte, an denen akzeptables Handeln gemessen wird. Daher bezieht sich der Begriff „Sekte" in der Umgangssprache immer mehr auf Gruppen, die in Lehre und Praxis systematisch gegen diese Orientierungen verstoßen, die statt Entfaltungsfreiheit Abhängigkeit produzieren, die Menschen entwürdigen und zur Intoleranz anleiten usw.

So wie Gesamtkultur und christliche Kirche auseinanderdriften, driften notwendigerweise auch ihre Sektenbegriffe auseinander. Konsequenterweise bildeten sich ein innerchristlicher und ein säkularer Sektenbegriff, die verschieden sind. Was aus christlicher Sicht eine Sekte ist, muß nach den Maßstäben der säkularen Gesellschaft keine Sekte sein und umgekehrt. Bestes Beispiel ist, wie gesagt, die Neuapostolische Kirche. Man sollte aber nicht vorschnell schließen, daß der theologische, innerchristliche Sektenbegriff intoleranter oder schärfer sei als der säkulare. In der Regel trifft das Gegenteil zu.

Schwierigkeiten mit dem doppelten Sektenbegriff

In der Fachwelt wird der umgangssprachliche Sektenbegriff mit Mißbehagen gesehen. Sobald eine Gruppe in seinem Sinn als Sekte bezeichnet wird, wird sie automatisch (so will es dieser Begriff) des unethischen Umgangs mit Menschen beschuldigt. Die einzelnen

Gruppen und ihre Konflikte sind aber verschieden. Manche klassische Sekten gehen mit ihren Mitgliedern nicht unethischer um als eine große Firma, ein Sportverband oder eine Freikirche. Sie fühlen sich durch die Bezeichnung als Sekte nicht nur mißverstanden (das ist immer der Fall), sie fühlen sich diffamiert. Aber ein Theologe, der die Neuapostolische Kirche oder die Christengemeinschaft als Sekte bezeichnet, verwendet das Wort vor dem Hintergrund seiner theologischen Kriterien. Das „Handbuch Religiöse Gemeinschaften" des VELKD-Arbeitskreises beschreibt die moralisch kaum anrüchige „Christliche Wissenschaft" als Sekte, die moralisch höchst anrüchige AAO unter der Rubrik „Psycho-Organisationen", also gerade nicht als Sekte.

Es ist schwer zu sehen, wie das Problem zweier Begriffsebenen gelöst werden kann. Die Umgangssprache durch Appelle ändern zu wollen, ist hoffnungslos. Und der fachliche Sektenbegriff kann nicht einfach aufgegeben werden, er ist im Rahmen von Theologie und Religionswissenschaft sinnvoll. Friedrich-Wilhelm Haack definiert die Sekten folgendermaßen:

„Eine Sekte ist eine religiöse Gemeinschaft, die gegen die anderen (bzw. gegen die Kirchen) Mission betreibt mit dem Anspruch, ein besseres oder vollständigeres Wissen über die Person, die Botschaft und die Taten Jesu Christi zu besitzen." Damit formuliert er den „klassischen Sektenbegriff" aus Kapitel I in Kurzform. Davon unterscheidet Friedrich-Wilhelm Haack die „Jugendreligionen, Guru-Bewegungen und Psycho-Kulte". Er will also diejenigen synkretistischen, fremdreligiösen und eher unreligiösen Gruppen, die im letzten Kapitel als neue religiöse Bewegungen, Psychokulte und Politsekten bezeichnet wurden, nicht unter den Sektenbegriff fassen. Daß sich dieser Sprachgebrauch außerhalb der Fachwelt nicht durchgesetzt hat, zeigt sich schon daran, daß die Worte Jugendreligion und „Jugendsekte" heute synonym benutzt werden, obwohl Haack den letzteren Begriff gerade nicht wollte.[6]

Eine ähnliche Unterscheidung wie Haack trifft Hans-Diether Reimer unter Berufung auf Kurt Hutten, wenn er schreibt:

[6] Friedrich W. Haack: Sekten. 5. Aufl. München 1987 S. 6; 6. Auflage 1994.

„Der Mutterreligion gegenüber fremdartige Bildungen, etwa gnostischer, okkult-magischer, spiritistisch-spiritualistischer, fremdreligiöser oder auch pseudoreligiöser Art gehören nicht zu den Sekten im strengen Sinn, sondern müssen als Neubildungen angesehen werden."[7]

Aber im Alltag, in den Medien und in der nichttheologischen Literatur wird nicht zwischen Sekten aus einer christlichen Tradition und hinduistischen Gurubewegungen oder buddhistischen Neureligionen unterschieden; selbst Psycho- und Politsekten werden häufig (nicht immer) einfach als Sekten etikettiert. In letzter Zeit ist sogar eine Tendenz festzustellen, den Sektenbegriff auf Gruppen auszuweiten, die zwar erhebliche Konflikte verursachen, aber keineswegs alle Merkmale einer klassischen Sekte oder einer „neuen religiösen Bewegung" tragen. Ein Beispiel – die „United Bible Fellowship" wird in Kapitel IV behandelt werden.

Noch weniger durchgesetzt hat sich der Vorschlag, den Begriff „Sekte" wegen seiner abwertenden Bedeutung überhaupt nicht mehr auf konkrete Gemeinschaften anzuwenden, sondern von Sondergruppen, Sondergemeinschaften oder ähnlichem zu sprechen. Statt dessen soll man – so wird vorgeschlagen – eine „sektiererische Haltung" diagnostizieren, wo immer sie auftritt. Dies könne, wie Hans-Diether Reimer zu Recht sagt, in abseitigen Kleingruppen, in großen Sondergemeinschaften und in den Kirchen gleichermaßen der Fall sein. Er umreißt die „sektiererische Haltung" folgendermaßen:

„Die Sekte lebt in separatistischer Vereinzelung, sie hat sich nicht nur aus der kirchlichen, sondern auch aus der bürgerlichen Gemeinschaft innerlich herausgelöst. Selbstbezogenheit und (zuweilen exklusiver) Geltungsanspruch sind kennzeichnend, die oft ein ‚innerliches Winkeldasein' (Hutten) begründen. In der Isolation entstehen auch leicht innere Abhängigkeiten: vom Gründer und charismatischen Führer (‚The leader is the sect', J. Wach), von der Gemeinschaft insgesamt (Gruppenzwang), von der unanfechtbaren Doktrin ... Auch ist die Sekte in ihren Anschauungen und ihrem

[7] Hans-Diether Reimer: Sekten. Evangel. Staatslexikon 3. Aufl. Stuttgart 1987, 3093–3098.

Anliegen einseitig, bruchstückhaft: Einzelne Punkte und Aspekte werden zentral betont, häufig übertrieben und bestimmen als das Proprium der Sekte Glauben und Leben ihrer Mitglieder."[8]

Georg Schmid versucht mit ähnlichen Beweggründen wie Hans-Diether Reimer, den Geist des Sektiererischen durch eine einfühlende Beschreibung zu erfassen:

„Sekte ist eine Gemeinschaft in eindeutiger und totaler Wahrheit. Sekte kennt eine Wahrheit, die ungeteilte Nachfolge und bedingungslose Zuwendung verdient. Das Mitglied der Sekte wirft sich in seine Wahrheit mit dem Mut der Verzweiflung. Jeder Vorbehalt, rational oder moralisch, wird vom Tisch gefegt. Das ganze Leben wird dieser Wahrheit unterstellt und dieser Wahrheit geopfert. Sektenleben ist deshalb wahnhaft eindeutig, einer Idee gewidmet, einem Meister zugetan, einer Gruppe verbunden, einem Lebensstil verpflichtet. Sekte ist Leben und Gemeinschaft in einzigartiger Eindeutigkeit. Das Leben des Nichtsektierers ist vergleichsweise chaotisch, widersprüchlich, zweideutig, inkonsequent. Er folgt – wenn er nachfolgt – mit tausend Halbheiten, Kompromissen und Vorbehalten. Er vertritt eine Idee, versteckt hinter tausend Fragezeichen. Er verkündet eine Wahrheit, die er in seinen Zweifeln wieder siebenmal relativiert ... In Zeiten großer Unsicherheit wirkt der Sektierer auf viele Zeitgenossen wie ein Leuchtturm im stürmischen Ozean."[9]

Georg Schmid will aber die Bezeichnung Sekte nicht auf die klassischen Sekten beschränkt sehen. Indem er interreligiöse Kriterien des Sektiererischen auf der psychologischen Ebene sucht, nähert er sich der Umgangssprache vorsichtig an: „Weit über die bloßen Gegensätze in religiösen Lehren hinaus führt die zeitgenössische Sektenszene. In der Gegenwart sind Sekten durchaus nicht nur Gruppen mit religiösen Sonderlehren, sondern Gemeinschaften in fast bedingungsloser Ich-Auflösung, Wir-Erlebnisse in möglichst weitgehender Identifikation mit dem Meister, dem Guru, der ver-

---

[8] Ebd.
[9] Georg Schmid: „Sekte" – theologische Renaissance eines geächteten Begriffs? Informationsblatt Evangel. Orientierungsstelle 30. Mai 1993 S. 9–11 Greifensee (Schweiz).

göttlichten Sektenchefin oder dem neuen Heiland oder Buddha. Ichmüde und an ihrer Individualität leidende Zeitgenossen finden in der Sekte fast vollständige Entlastung und Befreiung. In der Sekte muß kein Ich mehr an sich selber zweifeln und leiden. Es kann sich auflösen im großen Selbst des Meisters und im großen Wir der Gruppe. Sekte ist eine Gruppenreise ins große Selbst und für gemeinschaftshungrige Zeitgenossen ein Erleben einer totalen Gemeinschaft."[10]

Georg Schmid stimmt mit Hans-Diether Reimer darin überein, daß sich der sektiererische Geist „als unsere ureigene Möglichkeit" in allen Kirchen und Religionsgemeinschaften finden läßt. Das ist richtig und muß immer wieder betont werden. Trotzdem hat der Vorschlag keine Chance, nur noch adjektivisch von sektiererischen Tendenzen, einer sektiererischen Haltung usw. zu sprechen. Der Begriff „Sekte" als Bezeichnung für eine konkrete Gemeinschaft läßt sich nicht abschaffen, trotz seiner negativen Beiklänge, trotz der Gefahr der Diffamierung gut angepaßter Gruppen und trotz der Gefahr der Pauschalisierung. Es besteht ein öffentlicher Bedarf an einer negativ wertenden Bezeichnung für Gruppen, die den Geist des Sektiererischen häufig, besonders stark oder immmer verkörpern. Dagegen im Namen von Fairness und Menschlichkeit zu argumentieren, dürfte nutzlos sein. Es dürfte mehr nützen, den – immer drohenden – Mißbrauch des Begriffes Sekte durch Sachlichkeit und Verständnisbereitschaft einzudämmen und ansonsten seine abwertende Zielrichtung für diejenigen Gruppen zu akzeptieren, die dafür hinreichend Anlaß geben. In den folgenden Kapiteln werde ich, Georg Schmid folgend, auf interreligiöse Kriterien des Sektiererischen hinarbeiten, da es nicht um eine theologische oder religionswissenschaftliche Sektenkunde, sondern um den Versuch geht, die sektiererische Haltung des „Nichtzustimmens" verstehbar zu machen. Dabei können die „Importsekten", die Psychokulte und Politgruppen nicht ausgeklammert werden.

Georg Schmid stellt mit Bedauern fest, daß die heutige Theologie aufgrund des guten Motivs, Andersdenkende nicht zu verurteilen,

[10] Ebd.

die eigenen „sektiererischen Anteile" nicht zu übersehen, und die Fehler der Vergangenheit nicht zu wiederholen, praktisch überhaupt keinen Sektenbegriff mehr hat. Auch damit scheint er recht zu haben. Alle angeführten Zitate (die reichlich ergänzt werden könnten) stammen von kirchlichen Spezialisten, von Weltanschauungsbeauftragten usw. Die akademische Theologie ist zumindest in der deutschen Fachliteratur praktisch nicht vertreten. Diese Zurückhaltung wirkt aber kontraproduktiv, wenn sie die Theologen sprachlos macht dem Phänomen „Sekte" gegenüber, wie es nun einmal auftritt, und wie es in der Öffentlichkeit diskutiert wird. Das Ergebnis der theologischen Sprachlosigkeit ist, daß die Diskussion auch innerkirchlich (außerkirchlich sowieso) weithin mit psychologischen, soziologischen, politischen und juristischen Mitteln geführt wird. Wenden wir uns den Problemen dieser nichttheologischen Diskussion zu.

Sektenforschung und Anti-Sekten-Arbeit

Die außerkirchlichen Sektenexperten stammen aus zwei Lagern: aus dem Lager der sich selbst als neutral verstehenden Wissenschaft, oder aus dem Lager der sogenannten Anti-Kult-Bewegungen, der Elterninitiativen, der Betroffeneninitiativen, der öffentlichen oder privaten Beratungsstellen usw. Diese Zuordnung darf nicht mißverstanden werden. Eine ganze Reihe von Wissenschaftlern, von Psychiatern, Psychologen usw. nimmt Partei für die Anti-Kult-Bewegungen, ohne deswegen unwissenschaftlich zu arbeiten. Dabei handelt es sich häufig um Fachleute aus dem Bereich der Beratungsarbeit, der Psychotherapie und der Heilkunde, die durch ihre Fälle auf das Sektenthema aufmerksam wurden. International bekannt wurden Margaret Singer (Stanford), John G. Clark (Boston), Steven Hassan (New York) und in Deutschland zum Beispiel Manfred Müller-Küppers (Heidelberg) und Johannes Gascard (Berlin).[11]

---

[11] Manfred Müller-Küppers; Friedrich Specht (Hrsg.): Neue Jugendreligionen. Göttingen 1979.

Die Vertreter des „neutralen wissenschaftlichen Lagers" sind nicht durch Wissenschaftlichkeit an sich gekennzeichnet, sondern durch den Anspruch auf einen unparteiischen Ausgangspunkt für ihre Arbeit. Es handelt sich überwiegend um Religionswissenschaftler und Soziologen, die nicht aus helfenden Berufen kommen. Sie benötigen für ihre Forschung einen zumindest methodisch neutralen Standpunkt. Das bedeutet nicht, wie Eileen Barker mit Recht schreibt, daß die Forscher auch persönlich keinen Standpunkt hätten. Aber sie fordern von sich selbst Objektivität, wenn es um die Gewinnung von Daten und um die Bildung von Hypothesen geht. Bekannt wurden neben Eileen Barker (London) Thomas Robbins, Eduard Levine, J. Gordon Melton, John A. Saliba, Stuart Wright u.a.[12] Im deutschsprachigen Raum führte Georg Schmidtchen eine wichtige, allerdings auch nahezu die einzige Untersuchung zum Thema durch.[13]

Im Unterschied zur internationalen Forschung spielt in Deutschland die Religionswissenschaft in der Sektenforschung nur eine geringe Rolle. Es gibt zwar REMID in Marburg (Religionswissenschaftlicher Medien- und Informationsdienst e.V.) mit der Zeitschrift „Spirita". Sein Einfluß ist jedoch gering, er leidet an einer Antihaltung gegenüber den Sektenkritikern sowie einer Parteinahme für die Sekten, die mit wissenschaftlicher Neutralität nur schwer zu vereinbaren ist. Zum Beispiel verschweigt „Spirita" in dem Sonderheft, das Scientology gewidmet ist, die unmoralische Praxis dieser Organisation genauso hartnäckig, wie die Scientology-Gegner diese Praxis hervorheben. Wie publizistisch, seelsorgerlich, politisch und juristisch mit solchen Problemen umzugehen sei, kann man von daher kaum diskutieren. Trotzdem liefert die Religionswissenschaft wichtige Anstöße für die Diskussion von Grundsatzfragen, zum Beispiel der Frage nach dem Religionsbegriff.[14]

Natürlich lassen sich nicht alle Sektenexperten säuberlich einsortieren. Es gibt Überschneidungen zwischen den „Lagern". Ein Bei-

[12] Eileen Barker: New Religious Movements. 3rd ed. London 1992.
[13] Georg Schmidtchen: Sekten und Psychokulte. Freiburg i.Br. 1987.
[14] Spirita 1/1993; darin z.B. Thomas Schweer: Grober Klotz und grober Keil – zur Diskussion um die Scientology Kirche.

spiel dafür ist der Soziologe Jürgen Eiben, der mit der Aktion Psychokultgefahren in Düsseldorf, einer Einrichtung der Stadt und des Landes Nordrhein-Westfalen, fruchtbar zusammenarbeitet.[15] Gunther Klosinski ist Psychiater, als solcher mit Sektenfällen befaßt, und als Forscher trotzdem eher dem Lager der empirischen Religionspsychologie zuzuordnen.[16] Aber alles in allem muß man die Diskussion zwischen Sektengegnern und neutralen Wissenschaftlern als polarisiert bezeichnen. Zum Beispiel schreibt Bob Larson in seinem in den USA in hoher Auflage verbreiteten „Buch der Kulte" (Larson's new book of cults):

„Bevor man sich einer exotischen Sekte anschließt, sollte man sich bewußt machen, was daraus entstehen könnte: Neurosen, Psychosen, Selbstmordgefährdung, Schuld, Identitätsprobleme, Paranoia, Halluzinationen, Verlust des freien Willens, intellektuelle Sterilität und ein verringertes Beurteilungsvermögen."[17]

Diese Warnung wird von Bob Larson anschließend auf eine große Vielzahl von angeblich „destruktiven Kulten" angewandt, die von den Mormonen, New-Age-Gruppen und den Scientologen bis zum Ku-Klux-Klan reichen. Bob Larson selbst ist evangelikaler Protestant, aber er gibt mit seiner Warnung das wieder, was viele Betroffenenverbände und ehemalige Sektenmitglieder ebenso oder etwas differenzierter sagen. Daß diese Warnungen berechtigt sind, wird von seiten der Sozialwissenschaftler aber bestritten.

Eileen Barker, die bekannteste Religionssoziologin auf diesem Gebiet, verwendet über dreißig Seiten in ihrem für die Allgemeinheit bestimmten Standardwerk „New religious movements" darauf, um eben solche Warnungen zu diskreditieren:

„Das Wort Kult erhielt nach und nach alle möglichen negativen Nebenbedeutungen, die für bestimmte Organisationen überhaupt nicht zutreffen, obwohl sie mit diesem Wort bezeichnet werden … Wenn zum Beispiel ein Mitglied einer neuen religiösen Bewegung

---

[15] Jürgen Eiben et al.: Im Netz der Sinnverkäufer. Krefeld 1991.
[16] Gunther Klosinski: Warum Bhagwan? Auf der Suche nach Heimat, Geborgenheit und Liebe. München 1985.
[17] Bob Larson: Das große Buch der Kulte. Marburg 1992 S. 20 f.

sich selbst tötet, wird ihre oder seine Beziehung zu dieser Bewegung fast sicher in den Mittelpunkt gerückt, in dem Sinn, daß die Gruppe für den Suizid verantwortlich ist. Wenn andererseits Methodisten oder Anglikaner sich selbst töten, ist es sehr unwahrscheinlich, daß ihre religiöse Position erwähnt wird. Nach dem, was wir wissen, könnte die Suizidrate unter Anglikanern oder Methodisten aber höher sein als bei Brahma Kumaris oder bei den Scientologen."[18]

Neben der Frage, welchen Schaden die Sekten anrichten, gibt es ein zweites Reizthema in der Diskussion zwischen Sektengegnern und neutralen Wissenschaftlern: Wie kommt es zur Konversion zu einer Sekte, und wie kommt man wieder heraus? Die Kritiker vertreten fast durchweg eine Theorie der Konversion, die davon ausgeht, daß die freie Entscheidung der Konvertiten durch Manipulation unterlaufen oder ganz ausgeschaltet wird. Einige Autoren sprechen von Gehirnwäsche und berufen sich dabei auf Robert Liftons Begriff der „thought reform". Andere gehen von einem Umschaltvorgang im Gehirn aus, der nahezu plötzlich (snapping) vom unabhängigen, klaren Denken in die Abhängigkeit und die Unfähigkeit führt, eigenverantwortlich zu denken. Für diese Vorstellung werden neurologische Argumente angeführt. Wieder andere – Steven Hassan ist das beste Beispiel – lehnen Begriffe wie Gehirnwäsche oder „snapping" ab und bevorzugen den Begriff „mind control", der sich am ehesten als „Bewußtseinskontrolle" übersetzen läßt.[19]

Hassan geht davon aus, daß die Manipulationen beim Werben neuer Mitglieder ausschließlich psychologischer Art sind, daß sie aber trotzdem die Entscheidungsfreiheit des Konvertiten gezielt ausschalten sollen und daher als unethisch zu bewerten sind. Er meint, trotz fließender Übergänge, diejenigen Gruppen identifizieren zu können, die „Bewußtseinskontrolle" gezielt praktizieren. Schon vor Hassan prägte Friedrich-Wilhelm Haack den Begriff der „Psychomutation" für den von ihm beobachteten raschen Konversions-

[18] Eileen Barker: A.a.O. S. 40 f. Übersetzung H. Hemminger.
[19] Steven Hassan: Ausbruch aus dem Bann der Sekten. Reinbek 1993 (englisch: Combatting Cult Mind Control. Rochester USA. 1988).

prozeß einzelner junger Menschen zu den neuen Jugendreligionen.[20]

Im Unterschied dazu gehen die Religionssoziologen mehrheitlich davon aus, daß die Konversion zu einer Sekte sich nicht von anderen Konversionsvorgängen unterscheidet. Die Konvertiten haben (aus ihrer Sicht) rationale Gründe für den Übertritt, und sie sind häufig bereit und imstande, die Gruppe wieder zu verlassen, wenn ihre Überzeugungen und Lebensperspektiven sich ändern. Zumindest für letzteres gibt es gute empirische Belege, die gegen eine effektive Kontrolle sprechen. Aber auch für manipulative Praktiken gibt es zahlreiche Belege. Also was nun – Manipulation der Konvertiten oder nicht, Gefährdung der seelischen Gesundheit oder nicht? Es wäre interessant, würde aber zu weit führen, diese Polarität zwischen Warnung und Entwarnung näher zu behandeln. In bezug auf die These von der „Bewußtseinskontrolle" wird das in Kapitel V nachgeholt werden.

Hier sei nur folgendes festgestellt: Eileen Barker und andere Wissenschaftler haben recht, wenn sie fordern, daß empirische Daten in der Diskussion nicht vernachlässigt werden dürfen. Wenn sorgfältige Untersuchungen keine Belege dafür zutage fördern, daß die Mitgliedschaft bei einer Gruppe psychische Erkrankungen hervorruft, dann kann man sich um solche Daten nicht herumdrücken, sondern muß sich mit ihnen auseinandersetzen. Es ist das Verdienst dieser Art Forschung, eine Reihe wichtiger Daten geliefert zu haben, die der Diskussion um das Sektenproblem in der modernen Gesellschaft eine solide Grundlage geben. Auf der anderen Seite hat die empirische Sozialforschung angelsächsischen Typs eine Neigung dazu, statistische Methoden überzubewerten und biographische Erfahrungen zu vernachlässigen. Auch die Konflikterfahrungen der Angehörigen von Sektenmitgliedern sind „empirisch" und lassen sich systematisch bearbeiten. Hier liegen Defizite in der

---

[20] Friedrich W. Haack: Jugendreligionen – Ursachen – Trends – Reaktionen. München 1979; ders.: Die neuen Jugendreligionen, München 24. Auflage 1988; ders.: Die neuen Jugendreligionen Teil 2, 6. Auflage München 1984; ders.: Jugendreligionen – zwischen Scheinwelt, Ideologie und Kommerz. Neuauflage München 1994.

Forschung vor, die in Deutschland besonders spürbar sind. Kaum jemand unter den Sozialwissenschaftlern (außer den kirchlichen Experten) scheint sich für das Sektenproblem zu interessieren. Ausnahmen wie Gerhard Schmidtchen bestätigen die Regel.

Glaube und Werte

Die Anti-Kult-Bewegungen und die empirische Sektenforschung weisen nicht nur Unterschiede auf, sondern auch (ihnen selbst kaum bewußte) Gemeinsamkeiten. Bei der Lektüre ihrer Schriften fällt auf, daß beide Wahrheitsfragen systematisch umgehen. Es soll und darf für beide Ansätze keine Rolle spielen, ob die religiösen oder ideologischen Ideen der Gruppen wahr sind. Zum Beispiel meint Hassan im Blick auf die Vereinigungskirche, jedermann sei frei zu glauben, daß Mun der lebende Messias sei. Aber er solle nicht durch psychische Manipulationen dazu gebracht werden, diesen Glauben anzunehmen. Nur gegen die Manipulationen – nicht gegen den Glauben selbst – richtet sich seine Kritik. Er spricht hier für viele Elterninitiativen, Beratungsstellen usw., die sich ähnlich äußern.[21]

Dieser „wahrheitsneutrale" Ansatz ist taktisch (im Umfeld der neuzeitlichen Vorstellung von Religionsfreiheit) und praktisch verständlich. Die Kritik muß sich auf Mißstände richten, die öffentlich als Mißstände angesehen werden, wenn sie etwas bewirken soll. Sie muß Verhaltensnormen zugrunde legen, die konsensfähig sind, wie die Achtung vor Menschenwürde und die Meinungsfreiheit. Es handelt sich trotzdem um eine Fiktion, denn in Wirklichkeit hat der Glaube der Munies sehr viel mit ihrer Tendenz zu tun, gegen die gesellschaftlich anerkannten Normen für den Umgang mit Menschen zu verstoßen. Um die Munies zu verstehen, muß man die Betrachtungsweise von außen aufgeben und sich klar machen, daß der Glaube an einen lebenden Messias – wenn er zur Grundlage der eigenen Existenz gemacht wird – ethische und praktische Folgen hat.

[21] Steven Hassan: Ausbruch aus dem Bann der Sekten. Reinbek 1993.

Jede Ethik ist nur plausibel im Zusammenhang einer religiösen oder areligiösen Weltsicht. Daher werden die für unsere Gesellschaft grundlegenden ethischen Normen – Würde des Menschen, bürgerliche Freiheiten, Achtung vor dem Individuum und so weiter – relativiert oder gar aufgehoben, sobald ein Mensch eine abweichende Weltsicht wählt. Wenn ich glaube, daß mit Mun der Messias erschienen ist, der alles Elend von Welt und Mensch zum Heil verwandeln wird, dann geht sein Anspruch an mich den Ansprüchen des deutschen Grundgesetzes oder der amerikanischen Verfassung vor. Alles andere wäre lediglich Inkonsequenz. Hier hat Schmid recht, wenn er von der „wahnhaften Eindeutigkeit" der Sekten spricht. Anders als Hassan meint, ist ein Munie nicht frei, an den lebenden Messias zu glauben und sich gleichzeitig in das Wertesystem der amerikanischen Gesellschaft einzufügen, nicht mehr mit allen Mitteln zu missionieren, nicht mehr neue Mitglieder mit Täuschungen zu gewinnen usw. Entweder wirft er sich „in seine Wahrheit mit dem Mut der Verzweiflung", oder er nimmt den Messiasanspruch des Koreaners nicht mehr ernst, er läßt die Sektenwahrheit hinter sich.

Natürlich kann eine Sekte Kompromisse mit der Umwelt machen, wie an einigen Beispielen geschildert wurde. Aber es handelt sich um Kompromisse auf ihrer eigenen weltanschaulichen Grundlage. Wenn die Munies ihre Praxis „himmlischer Täuschung" (heavenly deception) bei der Werbung neuer Mitglieder jemals aufgeben sollten, dann mit ihren eigenen Begründungen und auf die Autorität von Mun hin, nicht weil sie das Vernunfts- und Freiheitsideal der Aufklärung wiederentdeckt hätten. Darum kann und muß die Umwelt, wenn sie eine Gruppe wegen ihrer unethischen Praktiken kritisiert, ihr auch die Unwahrheit ihrer Ideen bescheinigen. Das ist reichlich offensichtlich – denn wenn Mun wirklich der Messias wäre, wo bliebe dann unsere mit dem Grundgesetz oder mit dem christlichen Menschenbild begründete Kritik? Aber wir tun uns schwer mit dieser Offensichtlichkeit, weil wir – zumindest als Gesamtgesellschaft – selbst nicht mehr sagen können, auf welche Ideen sich unsere eigenen Werte stützen. Wir vermeiden Wahrheitsfragen im Umgang mit den Sekten, weil wir sie in unserer Kultur auch sonst vermeiden. Notwendigerweise konzentriert sich dadurch die Auseinandersetzung auf ethische und politische Fragen, zum Nachteil für alle Seiten.

Es ist offenkundig, daß der angeblich neutrale Ansatz der Religionssoziologen und Religionswissenschaftler unter demselben Problem leidet. Religiöse und ideologische Standpunkte, die unrealistisch sind – sei es der Glaube an einen lebenden Messias, sei es der Glaube an ein psychologistisches Rezept zur Weltrettung – können ethisch nicht neutral sein. Sie führen notwendigerweise zu Haltungen und Handlungen, die gegen diejenigen humanen Werte verstoßen, denen auch die moderne Wissenschaft verpflichtet ist. So wie Realitätsverlust bei Einzelpersonen ein Symptom seelischer Belastung darstellt und zu Konflikten führt, so stellt kollektiver Realitätsverlust ein soziales Krankheitssymptom dar und führt zu Konflikten. Dies nicht aussprechen zu wollen, ist nicht wissenschaftlich neutral, sondern wissenschaftlich einäugig.

Die Fiktion, daß alle Glaubenssysteme und alle Ideen für Menschen guten Willens ethisch neutral seien, findet sich unterschwellig auch im innerchristlichen Schrifttum, häufig mit Begründungen von der Art, daß wir alle Sucher und fehlbar seien. Das mag zutreffen, macht abseitige weltanschauliche Ideen aber nicht weniger gefährlich. Daß wir uns alle trotz guter Landkarten auf unserem Weg durch diese Welt verirren, ist richtig. Es ist aber kein Grund, alle Landkarten für gleichwertig zu halten oder nicht die besten Karten mitzunehmen. Eine gute Landkarte ist in jedem Fall besser als eine schlechte oder gar als eine gefälschte Landkarte, auch wenn wir schwachen Menschen uns nicht einmal an die guten Karten zu halten vermögen.

In religions- und sozialwissenschaftlichen Schriften findet sich die selbe Fiktion nicht unterschwellig, sondern ausdrücklich wieder. Am Beispiel von Eileen Barker wird dies deutlich: Sie schreibt auf fast fünfzig Seiten kompetent über Fehlentwicklungen in „neuen religiösen Bewegungen", ohne sich mit der Frage auseinanderzusetzen, was die Ideen der einzelnen Gruppen mit ihren speziellen Fehlentwicklungen zu tun haben.[22] Sie vermittelt den Eindruck, daß

---

[22] Eileen Barker: A.a.O. S. 38–86.

Kriminalität, finanzielle Ausbeutung usw. mit sozialen und psychologischen Ursachen zusammenhängen, die es überall gibt. Und wohlgemerkt, diese Auffassung ist nicht falsch. Die „neuen religiösen Bewegungen" unterliegen sozialpsychologischen Gesetzmäßigkeiten und historischen Abläufen wie andere Gemeinschaften auch. In mancher Hinsicht sind sich alle religiösen und weltanschaulichen Gruppen ähnlich. Alle neigen unter vergleichbaren Umständen zu ähnlichen Fehlern. Aber diese Auffassung ist eben auch nicht ganz richtig. Es macht einen Unterschied für die Praxis einer Gruppe und für ihre Anfälligkeit gegen Fehlentwicklungen, was die Gruppe glaubt.

Wahrheit und Toleranz

Die Ideensysteme der Quäker und der Scientologen sind nicht ethisch gleichrangig, sie sind auch nicht gleich wahrheitshaltig. Sie passen nicht in gleicher Weise zur Realität von Welt und Mensch, und ihre Umsetzung in das Leben muß verschiedene Konsequenzen haben. Die empirische Sozialforschung, die Wahrheitsfragen ausklammert, klammert eine wesentliche Seite des Phänomens aus. Sie kann nicht anders arbeiten, solange sie keinen weltanschaulichen Standpunkt beziehen will. Sie kann zum Beispiel nicht feststellen, daß Mun nicht der lebende Messias ist, und dann daran gehen, die Probleme der Munies aus der Diskrepanz zwischen Messiasidee und Wirklichkeit zu erklären. Damit sind ihre Möglichkeiten eingeengt, denn die Kluft zwischen dem, was Mun in den Augen seiner Anhänger ist, und dem, was er wirklich ist, hat viel mit den Problemen der Munies zu tun. Das bedeutet, daß mit empirischer Sozialforschung allein das Phänomen Sekte nicht zu verstehen ist. Das Ringen um religiöse Wahrheit – und sein Mißlingen – gehört zum Phänomen des Sektiererischen dazu.
Um nicht mißverstanden zu werden: Die Wissenschaft nimmt mit Recht Neutralität für sich in Anspruch in dem Sinn, daß sie bei der Untersuchung bestimmter Punkte Wahrheitsfragen aus methodischen Gründen beiseite lassen darf. Sie muß sich dann aber der begrenzten Aussagekraft ihrer Ergebnisse bewußt bleiben. Autoren

wie Eileen Barker warnen mit Recht davor, aus abwegigen, skurrilen oder sogar bedrohlichen Dogmen vorschnelle Schlüsse auf die Praxis zu ziehen. Die Glaubenswelt einer Gruppe ist zwar unauflöslich mit ihrer Lebenswelt verbunden, aber nicht in Form eines einlinigen und einsinnigen Kausalzusammenhangs. Je falscher der Glaube, desto schlimmer die Gruppe – dieser Satz stimmt sicher nicht. Denn neben den Ideen selbst kommen die vielfältigen Prozesse ins Spiel, in denen eine Gruppe sich mit ihrer Umwelt auseinandersetzt, in denen sich die Lebenswelt radikalisiert oder entradikalisiert, und in denen aus der Ideenwelt der Gruppe selbst heraus dann auch Rechtfertigungen für den eingeschlagenen Kurs produziert werden. Auf solche Gesichtspunkte aufmerksam zu machen, ist Aufgabe und Verdienst empirischer Forschung. Um diese Aufgabe zu lösen, ist es aber nicht erforderlich, völlig von Irrtum und Wahrheit in der Ideenwelt einer Gruppe abzusehen. Es ist lediglich erforderlich, sich an die Windungen und Wandlungen zu erinnern, die unsere eigenen Überzeugungen in der Praxis erfahren, und ähnliches auch bei Sekten als möglich anzunehmen.

Sowohl die Anti-Kult-Gruppen als auch die aus ihrer Sicht neutralen Wissenschaftler sind (ob sie es aussprechen oder nicht) einer humanitären Ethik grundlegender Menschenrechte verpflichtet. Beide suchen auf dieser Basis den gesamtgesellschaftlichen Konsens für ihren Umgang mit den Sekten. Der Unterschied ist, daß die Anti-Kult-Gruppen die Menschenrechte für die abhängigen Sektenmitglieder und ihre Angehörigen einklagen, während die scheinbar neutrale Wissenschaft die Menschenrechte (vor allem die Religionsfreiheit) für die Sekten einklagt. Beides ist offensichtlich berechtigt, aber beide Seiten sind durch ihre Parteinahme in Gefahr, den nüchternen Blick für das Phänomen „Sekte" zu verlieren: Die Anti-Kult-Gruppen bauen unrealistische Feindbilder auf, und die scheinbar neutralen Wissenschaftler geraten in die Gefahr der Kumpanei mit den Sekten, und zwar gerade dort, wo deren Praxis besonders verwerflich ist. Es wäre ein Fortschritt für beide Seiten, würden sie ihre berechtigterweise parteiische Perspektive kritisch durchdenken – um insbesondere die Wahrheitsfrage in ihre Auseinandersetzung mit den Sekten einzubeziehen.

Man darf das zur Zeit übliche Ausweichen vor der Wahrheitsfrage nicht mit religiöser oder weltanschaulicher Toleranz verwechseln. Toleranz besteht darin, daß man auch offenkundig falsche Ideen nicht mit äußeren Machtmitteln unterdrückt, sondern sie der geistigen Auseinandersetzung und den persönlichen Entscheidungen der Menschen überläßt. Wo abwegige Ideen zu Praktiken führen, die gegen die ethischen Grundlagen unserer Gesellschaft verstoßen, müssen diese Praktiken verhindert werden. Jede Toleranz gegen Ideen und abweichende Lebensentwürfe muß dort ihre Grenzen haben, wo die Grundlagen des Zusammenlebens aller bedroht sind. Ab dieser Grenzen ist eine juridische und politische Betrachtungsweise der Sektenprobleme gerechtfertigt. Aber man sollte selbst dann nicht die Augen davor verschließen, daß es abwegige oder extreme Weltanschauungen sind, die zu Bedrohungen beitragen. Man sollte sich der geistigen Auseinandersetzung mit solchen Ideen stellen – auch wenn man, sehr mit Recht, nur gegen klare Gesetzesverstöße juristische oder politische Machtmittel einsetzen möchte. Und wenn die Gesamtkultur zur Auseinandersetzung – wie es scheint – nicht mehr die geistigen Mittel hat, sollten wenigstens die Christen ihr nicht ausweichen.

Der alte, immer neue und immer wieder unlösbare Konflikt zwischen Gerechtigkeit und Barmherzigkeit, zwischen Wahrheit und Nächstenliebe, begegnet uns auch im Umgang mit den Sekten. Es ist gefährlich, ihn einseitig auflösen zu wollen. Wer dem sektiererischen Geist nur verstehend begegnen will, wer sich weigert, Mißstände zu verurteilen und Lügen zu entlarven, wird sich schnell in der Gefahr sehen, den Geschädigten und den Opfern der Mißstände ungerecht zu begegnen – und sie wiederum nicht mehr verstehen zu können. Wer umgekehrt nur mit Abgrenzung oder gar mit Beschuldigungen auf das Sektierertum reagiert, wird sich sagen lassen müssen, daß er häufig das fördert, was er verurteilt, nämlich das sektiererische Denken bei seinen Gegnern durch den Aufbau passender Feindbilder und – manchmal die schlimmere Folge – das innere Sektierertum in den eigenen Reihen durch den Verlust realistischer Selbstwahrnehmung und Selbstkritik.

Es ist auch nicht richtig – was manche Experten vorschnell behaupten –, daß Sektiererei durch mehr gesellschaftliche Toleranz und mehr Verständnis vermieden werden könnte. Auf der einen Seite trifft das zwar immer wieder zu: Sektiererei entsteht durch öffentliche Ausgrenzung von Anliegen und Ideen, die möglicherweise einseitig sind, aber nicht ausgegrenzt werden müßten, wäre die Gesellschaft nicht selbst einseitig orientiert. Auf der anderen Seite geschieht die Ausgrenzung einseitiger Anliegen und Ideen wohl oft zu Recht. Man denke an die Kritik an der totalitären Machtstruktur der Scientology-Organisation. Sie beruft sich auf die „öffentliche Wahrheit", daß totalitäre Strukturen ohne demokratische Machtkontrolle die Menschenwürde verletzen. Sie grenzt die Sichtweise der Scientologen, daß eine totalitäre Struktur ihrer Effektivität wegen gerechtfertigt ist, aus dem Bereich des Akzeptablen aus. Geschieht das nicht zu Recht? Soll die Mehrheit ihre Vorstellung von Demokratie und Menschenwürde relativieren, um Scientology gegenüber tolerant zu sein?

Außerdem gibt es eine eigene Attraktivität des Sektierertums, die nicht nur Reaktion auf öffentliche Ausgrenzung ist. Die sektiererische Gemeinschaftsbildung ermöglicht den Gründer- und Führerpersönlichkeiten eine Machtentfaltung und einen Zugang zu Ressourcen aller Art (vom Geld bis hin zu sexuellen Freiheiten), die anders als in einer „dissidierenden Sonderwelt" kaum erreichbar wären. Auch den Anhängern bringt das Leben in geschlossenen Gemeinschaften von Wahrheitsbesitzern einen Vorteil, zumindest subjektiv und für eine gewisse Zeit (s. Kapitel V). Unter bestimmten Voraussetzungen, für bestimmte Menschen, entsteht Sektierertum also aktiv, nicht nur als Reaktion auf die Ausgrenzung durch die Mehrheit. In der Regel dürften passive Ausgrenzung und aktive Selbstabgrenzung zusammenwirken, um eine sektiererische Gemeinschaft entstehen zu lassen.

Kaderorganisation und sympathisierendes Milieu

Ein wichtiger – für die Außenbeziehungen einer extremen Gruppe oft sogar entscheidender – Punkt sei am Schluß dieses Kapitels erwähnt: das Verhältnis von geschlossener Gruppe (Kaderorganisation) und sympathisierendem Milieu. Die Ideen, die innerhalb der Gemeinschaft vertreten werden, sind meist in nicht versekteter Form in einem bestimmten weltanschaulichen oder politischen Milieu zu Hause. Zum Beispiel bewegte sich die AAO des Malers Otto Mühl im künstlerischen Milieu des Wiener Aktionismus. In einem weiteren Sinn gab es Übereinstimmungen der AAO-Ideen mit einem Teil der 68er-Bewegung, mit der Suche nach alternativen Lebensformen in der Industriegesellschaft usw. Otto Mühl profitierte von diesem Milieu; er fand lange Zeit in ihm Fürsprecher, obwohl die totalitäre Kaderstruktur der AAO bald nach außen bekannt und kritisiert wurde. Man vermutet sogar, daß die AAO über dieses Milieu Protektion aus Politikerkreisen Österreichs genoß, der sie es verdankte, daß die Staatsanwälte jahrelang zuwarteten, bis sie gegen den Kindesmißbrauch im Friedrichshof einschritten.

Eine ähnliche Konstellation findet sich bei vielen sektiererischen Gruppen: Die straff organisierte Kaderorganisation, die „ingroup", unterhält trotz ihrer Geschlossenheit gute diplomatische Beziehungen zu einem Milieu, mit dessen Ideen und Absichten ihre Gedankenwelt eine gewisse Übereinstimmung zeigt. Beide Seiten profitieren von dem illegitimen Verhältnis. Die sektiererische Gemeinschaft findet Befürworter und Unterstützer, die nicht in sektiererischen Abhängigkeiten leben, und die daher die Reputation der Gruppe heben. Man kann das der Sektiererei unverdächtige Umfeld gegen mißliebige Kritiker mobilisieren und aus ihm erfolgreiche Lobbyisten rekrutieren. Auf der anderen Seite finden die Unterstützer eine schlagkräftige Kaderorganisation vor, die mehr zur Verbreitung ihrer Ideen tun kann, als sie es selbst könnten. Sie finden willige Zuhörer und begeisterte Zustimmer vor für Ideen, mit denen sie sich im gesellschaftlichen Diskurs nicht durchsetzen können. Entsprechend unwillig sind die Unterstützer daher, wenn sie Kritik an der Gruppe zur Kenntnis nehmen sollen. Sie mögen es weder hören noch glauben, daß ihre Anliegen in sektiererische Verwaltung geraten sein könnten, und daß ihre sympathische Zuhörerschaft einer sektiererischen Gemeinschaft entstammen könnte. Besonders ausgeprägt war das Verhältnis gegenseitiger Ausbeutung zwischen der Vereinigungskirche Muns und dem rechtskonservativen, politischen Lager in den westlichen Staaten vor dem Zusammenbruch des Ostblocks. Mun vertrat einen religiös verbrämten Antikommunismus (Gottismus) mit apokalyptischen Zügen, eine Endzeitschlacht zwischen dem Reich Gottes und dem Reich des Satans wurde von ihm erwartet. Mit diesen Ideen fand Mun Anklang im rechtskonservativen (zum Teil protestantisch-fundamentalistisch geprägten) Milieu vor allem in den USA, aber auch in Deutschland. Der Messiasanspruch des Koreaners mußte in diesem Verhältnis ausgeblendet bleiben, aber ansonsten konnte Mun auf gewichtige politische Unterstützung zählen. Was das sympathisierende Milieu mit der Vereinigungskirche verband, war das gemeinsame Feindbild. Und diese Gemeinsamkeit genügte, um selbst Unterstützer, die sich als engagierte Christen verstanden, nicht mehr allzu genau nach den religiösen Ansprüchen Muns fragen zu lassen.

Inzwischen bewegt sich der Verein zur Förderung der Psychologischen Menschenkenntnis (VPM) erfolgreich im selben Milieu, zumindest in Deutschland, der Schweiz und Österreich. Die Professoren Günter Rohrmoser, Klaus Hornung und Konrad Löw traten früher für eine Organisation der Vereinigungskirche auf (Forum für geistige Führung) und unterstützen heute den VPM. Mit großer Sicherheit sind sie weder Anhänger Muns noch Mitglieder des VPM. Konrad Löw, ein Politologe der Universität Bayreuth, unterstützt sogar beide Gruppen gleichzeitig. Er tritt auf VPM-Kongressen auf und publiziert gleichzeitig ein Buch (Von Hexen und Hexenjägern), in dem er die Sektenexperten der Kirchen pauschal als politisch motivierte Verleumder abqualifiziert. Die Munies sind für ihn ein Hort des Widerstands gegen eine links unterwanderte Kirche, die von Befreiungstheologie und Sozialismus vom rechten Weg abgebracht wurde. Wenn man bedenkt, daß Löw Katholik ist und in erster Linie die katholische Kirche im Blick hat, kann man ermessen, wie weit dieser Mann sich in sektiererisches Denken verrannt hat, ohne selbst in sektiererischen Strukturen zu leben. Solche Bundesgenossen sind den Sekten natürlich lieb und in manchen Fällen teuer.

Das Modell für ein solches wechselseitiges Ausbeutungsverhältnis lieferten von den sechziger bis zu den achtziger Jahren die deutschen KPs (Kommunistische Parteien) bzw. die K-Gruppen und die Szene progressiver Intellektueller. Die organisierten (meist vage maoistisch orientierten) Kommunisten bildeten die für Politsekten typischen Strukturen aus, während das intellektuelle Sympathisanten-Umfeld Beifall und öffentliche Unterstützung spendete, ohne sich auf die zum Teil recht üblen Machtstrukturen der Gruppen einzulassen. Vergleichbare Bündnisse entstehen seither in der Szene der Sekten und Extremgruppen, links wie rechts, religiös wie ideologisch, immer wieder.

Für die fanatische, geschlossene oder gar sektiererische Gemeinschaft ist die Beziehung zu einem sympathisierenden Milieu außerhalb ihrer geschlossenen Gruppenwelt allerdings eine zweischneidige Sache. Das Milieu kann die Kaderorganisation zwar stabilisieren, indem sie der Konfrontation mit der Umwelt ein Stück Schärfe nimmt. Die Gemeinschaft kann ihre Radikalität bis zu einem gewissen Grad in ihrem Milieu verstecken, allerdings um den Preis der Radikalisierung für eben dieses Milieu. Durch die Munies und durch den VPM werden auch berechtigte konservative Anliegen in die Sektenecke gestellt oder lassen sich im politischen Diskurs leichter dorthin stellen. Die Unterstützer lassen sich in Kämpfe hineinziehen, die nicht die ihrigen sind, sehr zum Schaden der politischen und weltanschaulichen Kultur in der Gesellschaft.

Auf der anderen Seite kann sich die Sekte auch in ihr Milieu hinein auflösen. Dadurch wird die Gemeinschaft destabilisiert, es könnte sogar zu einem Prozeß der Entsektung kommen. Es mag zum Beispiel sein, daß mancher VPM-Anhänger es auf Dauer angenehmer findet, seine politischen Ideen in einer normalen Partei zu verfolgen anstatt im Rahmen der VPM-Kaderstruktur. Für die Wahl des Gemeinderats der Stadt Zürich im März 1994 kandidierten zum Beispiel mehrere VPM-Anhänger auf der Liste der rechts stehenden Autopartei. Vielleicht werden sie sich in deren Milieu nach einiger Zeit mehr zu Hause fühlen als beim VPM, auch wenn die AP dieses Mal ohne Sitze im Stadtparlament blieb. Es liegt ja nicht fern, den Gruppendruck im VPM und den Personenkult um die Zentralfigur Annemarie Buchholz-Kaiser für die rechte Sache entbehrlich zu finden. In der Tat scheint mir der Personenkult ein entscheidender Faktor bei der Versektung einer Gruppierung zu sein, und sein Abbau ein wichtiger Schritt zur Entsektung. Mehr darüber im folgenden Kapitel.

IV. Die Sekten und ihre Konflikte

*Alles ist sinnlos, was der Welt nicht neues Blut,
neues Leben, neue Wirklichkeit zuführt ...
Drum hütet euch vor den Träumen der Krum-
men, Zertretenen, Verdrehten, Witzigen, Rach-
süchtigen, wenn sie diese Träume als Schöpferta-
ten feilbieten! (aus: „Nicht der Mörder, der Er-
mordete ist schuld", Franz Werfel 1920)*

Ideologisches Denken und Sektierertum

Was verbindet die Gruppen miteinander, die heute bei uns als
„radikale Sekten" gelten? In der Welt der Ideen können die Gemeinsamkeiten auf keinen Fall zu suchen sein. Dazu sind die Glau-
benslehren der Sekten, der Polit- und Psychogruppen zu unterschiedlich. Falls es gemeinsame Ursachen für Konflikte gibt, liegen
sie im sozialen und psychologischen Erscheinungsbild der Gruppen. Allerdings können Konflikte auf mehreren Ebenen entstehen,
unterschiedliche Ursachen haben und verschieden intensiv ausfal-
len. Die Konfliktträchtigkeit einer Gruppe hängt von einem Bündel
von Merkmalen ab, die nicht einfach aufzuschlüsseln sind.
In diesem Kapitel soll versucht werden, Gefahrenpunkten auf die
Spur zu kommen, ohne zu vergessen, daß zwischen konfliktträch-
tigen und „normalen" weltanschaulichen Gemeinschaften ein fließender Übergang liegt. Wir wollen ebenso im Gedächtnis behalten,
daß die meisten Gruppen nicht nur eine Konfliktgeschichte, sondern auch eine Anpassungsgeschichte haben, daß es „alte" Gemeinschaften gibt, die relativ konfliktfrei in unserer Gesellschaft mitle-
ben, und daß diese Gruppen in der Regel stabiler und erfolgreicher
sind als die radikalen Gruppierungen.
Eine offenkundige Quelle von Schwierigkeiten liegt in der Gedankenwelt der Gruppen. Sie wirkt um so eher sektiererisch, je mehr

Merkmale einer totalitären Ideologie sie aufweist. Hannah Arendt beschreibt das ideologische Denken als eine Ideenwelt, die von der „Verachtung für Wirklichkeit und Tatsächlichkeit" beherrscht wird: „In dem bekannten Wunsch, ein eindeutiges Weltbild, eine in sich stimmige Weltanschauung zu haben, der aus der Erfahrungsunfähigkeit der modernen Massen stammt und der eigentliche Motor aller Ideologien ist, liegt bereits jene Verachtung für Wirklichkeit und Tatsächlichkeit in ihrer unendlich variierenden und nie einheitlich zu fassenden reinen Gegebenheit, die eines der hervorstechenden Merkmale der totalitären fiktiven Welt bildet."[23]

Hier seien die Scientologen als extremes Beispiel angeführt. Scientology verspricht ihren Anhängern, sie könnten zu unbegrenzt leistungs- und glücksfähigen Übermenschen werden, indem sie ihr Kurssystem gegen hohe Honorare durchlaufen. Diese Selbstvergottung soll durch Wissen möglich werden, durch die (angeblich) vom Gründer L. Ron Hubbard entdeckte, wirklich wahre Lehre vom Menschen, und durch die von ihm (angeblich) durch geniale Forschung entwickelten Psychotechniken. Scientology bietet also in „versekteter" Form eine Idee oder eine Ideologie an, die unsere moderne Kultur mit geformt hat: Die Überwindung aller Übel durch Wissenschaft und Technik, die Schaffung eines neuen Menschen durch wissenschaftliche Forschung.[24] Beim Scientology-Denken handelt es sich um Wissenschafts- und Technikglaube in okkulter und sektiererischer Form.

Aus einer Werbung der Scientology-Organisation April 1993:
Kommen Sie und feiern Sie mit uns den 43. Geburtstag des Dianetik-Buches!
Sie sind herzlich eingeladen zu den Feierlichkeiten zum 43. Geburtstag des Dianetik-Buches, das den Menschen die einzig wahre Hoffnung auf ein besseres Leben gebracht hat, entgegen den Anstrengungen der amerikanischen Regierung, welche dessen Veröffentlichung zu verhindern suchte!

---

[23] Hannah Arendt: Elemente und Ursprünge totalitärer Herrschaft. München 1992.
[24] Gottfried Küenzlen: Der Neue Mensch – zur säkularen Religionsgeschichte der Moderne. München 1994.

Lassen Sie sich diese Show nicht entgehen! ...

Was tun in Dianetik wenn Sie ... gerne Dianetik anwenden wollen, Ihnen aber die Motivation und der Elan fehlt, es durchzuziehen? Erkennen Sie, daß es der reaktive Verstand ist, der Ihre Motivation und Ihren Elan abblockt, und Sie, indem Sie hindurchgehen und die DIANETIK Technologie anwenden, den reaktiven Verstand loswerden können und Energie und Begeisterung in bezug auf ALLE Aspekte Ihres Lebens zurückbekommen.

Die Scientology-Lehre bildet ein „eindeutiges Weltbild", das Hannah Arendts Definition des ideologischen Denkens entspricht. Auf jede Frage gibt es eine Scientology-Antwort, aber es gibt so gut wie keine Auseinandersetzung mit anderen Ideen und so gut wie keinen ernsthaften Versuch, die Sektenwahrheiten auch Nicht-Scientologen glaubhaft zu machen. (Es gibt nur Versuche, Nicht-Scientologen zu Scientologen zu machen.) Das Weltbild hat krassen Schwarz-Weiß-Charakter. Die reine Scientology-Wahrheit ist aus der Sicht der Gruppe von finsterem Nichtwissen umgeben. Grautöne der Unsicherheit, des Zweifels und der Teilwahrheit fehlen.

Das Beispiel Scientology läßt sich übertragen: Alle radikalen Sekten, Sondergemeinschaften, Psychogruppen usw. leben in einem exklusiven gedanklichen System. Ihre Ideenwelt ist für sie die Wahrheit schlechthin und schließt aus, daß anderswo Elemente von Wahrheit zu finden sein könnten. Das kann so weit gehen, daß ein Sektenmitglied in manchen Lebensbereichen zwischen der Realität an sich und der Gruppenlehre über die Realität nicht mehr unterscheidet. Die Realität wird von der Lehre definiert, nicht nur von der Lehre beschrieben. Nicht einmal in der Wortwahl herrscht Freiheit des Ausdrucks. Die Begriffe werden von einem Code, in dem man sich verständigt, zu einem Teil der Realität und damit unantastbar. Wer Begriffe relativiert, relativiert die Wahrheit selbst.

Bei den Scientologen wird dieser Drang zur „besetzten Sprache" (loaded language) zum Extrem gesteigert. Es gibt Kurse zur „Begriffsklärung", die nichts anderes bewirken, als dem Neu-Scientologen die „richtige" oder „wirkliche" Bedeutung von zahlreichen

Begriffen beizubringen. Damit wird die exklusive Wahrheit für ihre Begriffswelt beansprucht. Die „geklärte" Sprache ist die wirkliche, die richtige Sprache. Jede andere Sprache ist an sich schon falsch – und damit natürlich jeder Gedanke, der außerhalb des Scientology-Denkens geäußert wird. Ein gutes Beispiel ist der Begriff „Ethik". Man lernt bei den Scientologen, daß als ethisch in Wahrheit all das bezeichnet wird, was Scientology nützt. Jede andere Bedeutung des Begriffs ist unwahr, und in der Scientology-Welt daher undenkbar. Eine exklusive Begriffs- und Ideenwelt, die mit der Realität ver-schmilzt, ist für die Kommunikation mit der Außenwelt untauglich. Man kann sich mit dem Sektenmitglied nicht mehr verständigen – nicht etwa, weil das Sektenmitglied den alltäglichen Sprachge-brauch nicht mehr versteht, sondern weil es ihn nicht mehr aner-kennt, zumindest dann nicht, wenn die Sektenwahrheit berührt wird. Konflikte mit der Umwelt sind dadurch unausweichlich.

Nicht nur Scientology, auch die anderen Psychogruppen stehen neuzeitlichen Ideologien nahe. Und daß die Ideenwelten der Polit-sekten sich auf Ideologien zurückführen lassen, ist selbstverständ-lich. So hat der „Bund gegen Anpassung" seine Wurzeln in der kommunistischen Phase Wilhelm Reichs. Die EAP Lyndon La-rouches entwickelte sich aus neomarxistischen Anfängen in Rich-tung eines rechten Totalitarismus. Polit- und Psychokulte tragen also nicht nur gewisse Züge ideologischen Denkens, wie viele neu-zeitliche Sekten, sie sind von ihrem Wesen her Ideologie in sektie-rerischer Gestalt. Für sie lassen sich die Merkmale besonders gut benennen, die eine Ideenwelt aufweisen muß, um Konflikte entste-hen zu lassen. Die gleichen Merkmale gelten prinzipiell aber auch für Gruppen mit religiösen Ideen, auch für die klassischen Sekten.

Die Ideenwelt der klassischen Sekten

Die klassischen Sekten sind nicht unmittelbar „versektete Ideolo-gie", obwohl sie in unserer Kultur ebenfalls ideologische Züge annehmen. Sie beziehen sich in ihrem Wahrheitsanspruch auf die christliche Tradition, nicht auf säkulare Hoffnungen und Ideen.

Und da die christlichen Kirchen alle von dem Anspruch leben, Gemeinschaft der Gläubigen zu sein, gemeinsam Verleiblichung Christi in dieser Welt zu sein, wenden sich die klassischen Sekten immer in irgendeiner Form gegen diesen Anspruch: Nicht die Kirchen sind es, die durch Christus mit Gott verbunden sind, sondern wir – die Sekte – sind es. Die anderen sind abgefallen, sie haben den Anschluß an die Heilsgeschichte verpaßt, oder sie sind das satanische Zerrbild der wahren Kirche Gottes. Die Führer klassischer Sekten gebärden sich als die bevollmächtigten Generalvertreter Gottes in dieser Welt, wenn sie nicht – wie der verblendete Führer der Davidianer in Waco – inkarnierter Gott sein wollen.

Als Beispiel sei eine fundamentalistische Kleinsekte angeführt, wie es viele bei uns (und noch viel mehr in den USA) gibt: In den letzten Jahren sammelten sich etwa 100 bis 200 Menschen um einen ehemaligen freikirchlichen Evangelisten namens Horst Schaffranek, der in Kleinschriften zur völligen, richtigen und ungeteilten Nachfolge Jesu aufruft. Schaffranek lehrt, daß es an einem Ort nur eine Gemeinde geben dürfe (natürlich seine), und daß jede Zertrennung der Ortsgemeinde Ungehorsam gegen Gott sei. Die Anhänger führen Missionseinsätze in ganz Deutschland und im Ausland durch, oft indem sie sich ungefragt an evangelikale Veranstaltungen „anhängen". Dabei rufen sie Irritationen hervor, besonders durch ihre Bußaufrufe zu unpassender Zeit (zum Beispiel anläßlich einer Beerdigung). Auf dem Evangelischen Kirchentag 1993 in München schafften es ein paar Dutzend Schaffranek-Anhänger, durch auf Schildern herumgetragene Thesen ein hohes Maß von Aufmerksamkeit auf sich zu ziehen. Sie verstehen sich als diejenigen Christen, die wirklich Gottes Willen tun, und binden sich an ihren Leiter und dessen „Theologie des schlechten Gewissens".

Aus einer Kleinschrift Horst Schaffraneks „Göttliches Leben"
(Broschüre 109, Lemgo/München 1989):
Das Kreuz nur als Vergebung der Sünden zu sehen, ist eine äußerst große Einschränkung. Diese Einschränkung vergißt völlig, daß Jesus damals sagte: Wer mir nachfolgen will, nehme sein Kreuz auf sich. Das Kreuz ist uns gegeben zur Annagelung

unserer Schuld, samt dem Schuldbrief, dem Gesetz unseres gesamten Menschseins, aber es ist uns auch zur Tötung gegeben ... Geschieht das Kreuz, also die Tötung meiner alten Natur, nur teilweise, erreicht es die große Bosheit meiner Natur nicht! So steht es geschrieben: Von Kindheit an, vom Scheitel bis zur Sohle böse! Diese Tatsache muß von uns in vielen, vielen Teilen erst einmal erkannt, dann bloßgelegt und bekannt werden, und zuvor gegenüber unseren Eltern, Geschwistern und unserer Umwelt, von Kindheit an, sonst bleibt die große Bosheit meines Lebens bestehen ...

In Furchtlosigkeit werden wir erschüttern, was Gott nicht gehorcht. Nicht liebenswürdige Religiosität – wir werden erschreckend sein für die, die nicht gehorchen, und erquickend für die, die in dem Herrn stehen. Klar und einfach wird die Geborgenheit sein, die wir denen übergeben, die der wahren Lehre des Kreuzes zutiefst geöffnet sind und deren Inwendigkeit erfaßt ist vom Willen Gottes – so daß sie den ganzen Tag tun, was sie wollen, weil sie wollen, was Gott will.

Bruder und Schwester, diese Herrlichkeit gehört dir. Amen.

Die Merkmale der Schaffranek-Gruppe sind keineswegs einmalig: Perfektionismus, Gesetzlichkeit und ein elitäres „Gerettetenbewußtsein" anderen Christen gegenüber. Aber diese Merkmale allein beweisen nicht, daß die Gruppe eine sektiererische Haltung gegenüber der Gemeinschaft der Christen einnimmt. Das wird schon eher durch den Missionseifer der Anhänger nahegelegt, der auf ein enormes Sendungsbewußtsein schließen läßt. Und die Zielrichtung des Missionseifers zeigt, wogegen man sich abgrenzt, wo die „Welt" ist, zu der man „Gegenwelt" sein möchte: In diesem Fall liefert der evangelikale Flügel des Protestantismus das Milieu, dem die sektiererische Gruppe auch in ihrem Dagegensein verpflichtet bleibt und an das sich folgerichtig ihr Bußruf richtet. Die Gegenwelt wird aus Beständen der Welt gebaut, aus der man kommt, aber in größerer Verbindlichkeit, größerer (scheinbarer) Klarheit und im scheinbaren Vollbesitz der Wahrheit. Wir können dieses Muster immer wieder antreffen.

Wo liegt eigentlich der Unterschied zwischen solchen Sekten auf der einen Seite und fundamentalistischen Bewegungen sowie extremen Traditionalisten im Katholizismus auf der anderen Seite? Letztere treten häufig ebenso exklusiv auf und wirken ebenso dialogunfähig. Der Unterschied liegt in der Fixierung auf eine einzige soziale Gestalt der Wahrheit und des Heils, auf eine einzige Gruppe, Führung und Lebensform bei den Sekten. Protestantische Fundamentalisten beanspruchen zwar ebenfalls, die christliche Wahrheit zu besitzen, und sie tun dies häufig in einer Antihaltung zu ihrer Umwelt. Das gilt ebenso·für katholische Gruppen, wie zum Beispiel die Herausgeber des „Schwarzen Briefs" in Deutschland. Aber da es für sie keine geschlossene, soziale Verkörperung der Wahrheit gibt, gibt es keine unbestrittene menschliche Autorität und keine sicheren Kriterien dafür, wer am Heil teilhaben wird und wer nicht. Die protestantischen Fundamentalisten in den USA können sehr wohl über theologische und praktische Fragen uneins sein, und heftige Diskussionen sind bei den katholischen Traditionalisten keine Seltenheit.

Fast alle protestantischen Fundamentalisten lehnen zum Beispiel die Evolutionstheorie ab, wie sie die heutige Naturwissenschaft vertritt. Sie deuten die Schöpfungsgeschichte der Bibel wörtlich und gehen davon aus, daß der ganze Kosmos vor ca. 10 000 Jahren in sieben Tagen erschaffen wurde. Aber kann jemand, der die Evolutionstheorie anerkennt, trotzdem ein gläubiger Christ sein oder nicht? Ist ein „Evolutionist", der sich zu Christus bekennt, noch ein Bruder, wenn auch mit schwachem Glauben, oder aber gar kein Bruder mehr? Die besonnenen Fundamentalisten sprechen dem „Evolutionisten" den Glauben nicht ab, die extremen tun dies. Eine Sekte hätte nur eine Antwort. Natürlich gibt es graduelle Übergänge zwischen einer fundamentalistischen Gruppenbildung und der „Versektung" einer solchen Gruppe. Ein Sendungsbewußtsein allen anderen Gruppen gegenüber kann sich aufbauen, häufig in Verbindung mit dem Führungsanspruch eines angeblich von Gott begnadeten Leiters. Der Konformitätsdruck auf die Anhänger kann nach und nach wachsen, die Verbindungen zur Gesamtbewegung des konservativen Protestantismus können abnehmen. Aber Versek-

tungsprozesse gibt es in allen weltanschaulich-ideologischen Strömungen. Fundamentalismus und Traditionalismus unterliegen ihnen wie andere auch.

Folgende Merkmale der Ideenwelt einer Gruppe weisen auf eine
„Versektung" hin und führen zu inneren und äußeren Konflikten:

– ein Monopolanspruch auf die Wahrheit (Wahrheitsbesitz für die
  eigene Gruppe)
– ein Monopolanspruch auf Rettung, Erlösung oder Heil (Heilsbesitz für die eigene Gruppe)
– Größenideen, irreale Machbarkeitsvorstellungen und überwerti-
  ge Ideen (Recht und Macht exklusiv für die eigene Gruppe)
– eine Schwarz-Weißstruktur des Denkens, die Aussagen in absolut richtig und falsch trennt (keine Teilwahrheiten)
– eine Vision vom kurz bevorstehenden Weltuntergang und der
  Rettung in der Gruppe
– ein weltanschaulich begründetes magisches Denken

Ein Exkurs: Utopismus in Sektengestalt

Der sektiererische Geist vieler Extremgruppen knüpft an eine Haltung an, die in unserer Kultur weit verbreitet ist, nämlich die Ent-
wertung und Entlarvung der Lebenswirklichkeit und der Tradition
zugunsten von Utopien:

Die Welt, wie sie sein sollte, wird aus dieser Sicht erst in der Zukunft
errichtet werden, und zwar durch menschliche Erkenntnis und
deren Umsetzung in Politik, Wissenschaft, Psychologie usw. Diese
Zukunfts- und Fortschrittsorientierung wurde mit Recht auf die
christliche Endzeithoffnung zurückgeführt und als „säkulare
Eschatologie" bezeichnet. Sie bildet gleichzeitig die große Stärke
und die große Schwäche unserer Kultur. Konkreten Utopien, die es
wagen, einen besseren Zustand der Welt und der Gesellschaft zu
denken, verdanken wir viel. Solange die Entwürfe sich an Realitäten
orientieren und auf Realisierbares zielen, also nicht „erfahrungsun-
fähig" werden, bleiben sie frei von ideologischen Verengungen. So
hätten wir zum Beispiel großen Bedarf an konkreten Utopien, die

ein umwelt- und menschenfreundlicheres Verkehrssystem entwerfen – und möglichst auch noch Wege weisen, wie wir aus unserem Autowahn heraus zu einem besseren Zustand kommen könnten.

Aus dem selben Geist heraus werden aber auch Utopismen produziert, die sich nicht auf reale Mißstände und reale Hoffnungen beziehen, sondern auf Ideen, die sich selbst absolut setzen. Es werden Begründungssysteme für das Elend der Welt erdacht und Kuren verordnet, die sich wenig um die Komplexität der Wirklichkeit kümmern, wohl aber das Bedürfnis nach heilstiftender Erkenntnis befriedigen. Psychologisch gesehen, hat dieser Utopismus zwei Seiten, die sich gegenseitig bedingen: Optimismus und Entlarvung. Es gibt einen Fortschrittsoptimismus, der von der unbekümmerten Umsetzung der utopistischen Rezepte das künftige Heil erwartet. Und es gibt als Gegenstück und Spiegelung dieses Optimismus eine ständige Entlarvung der optimistischen Erwartungen, ein ständiges, ärgerliches Einfordern der großzügig gegebenen Versprechungen. Durch diesen „eschatologischen Ärger" wird die Gesellschaft immer neu in ihrer Fragwürdigkeit entlarvt und mit neuen Utopien konfrontiert. Ideologischer Optimismus und ideologische Entlarvung bedingen sich gegenseitig, und die immer neue Entlarvung mündet immer in neuen Optimismus, in neue Rezepte dafür, wie der Fortschritt endlich zu erreichen sei.

Ein Blick auf die Zeitgeschichte der letzten 25 Jahre genügt, um die modischen Wellenschläge der Utopien und Utopismen zu erkennen. Der letzten wirkmächtigen politischen Fortschrittsutopie, der 68er Bewegung mit ihrem Neomarxismus, folgten der Psycho-Boom, die antiautoritäre Pädagogik, die Antipädagogik, die New-Age-Bewegung, die spirituellen Psychotherapien usw. Jede dieser Bewegungen hatte in der Kritik des Bestehenden seriöse Wahrheiten anzubieten und seriöse Änderungen vorzuschlagen, aber jede hatte auch das ideologische Versprechen anzubieten, daß jetzt endlich das Wissen über Mensch und Welt gefunden sei, das Befreiung bedeutet. Und jede fand ihren sektiererischen Ausdruck durch eine oder mehrere Gruppen, die die Utopismen in Besitz nahmen, sie als allein mit ihren Mittel für erreichbar erklärten und sie – nicht selten

– in der geschlossenen Sektenwelt in eine Epoche hinüberretteten, in der der Zeitgeist längst schon aus einer anderen Richtung blies. Es sieht so aus, als entstehe zur Zeit eine politisch rechts orientierte Intellektuellen-Bewegung, die den Utopiebedarf der Jugend (und der Gesellschaft) wieder einmal zu befriedigen verspricht und die vielleicht in naher Zukunft radikale Sondergruppen hervorbringen wird.

Die meisten sogenannten Jugendsekten lassen sich in ihrer Entstehung bruchlos in die Aufbruchsstimmung der Hippie-Kultur und der späteren 68er-Zeit einordnen. Die „Kinder Gottes" (heute „Die Familie") stellen eine versektete Form der „Jesus-People-Bewegung" der sechziger Jahre dar, und diese wiederum war die christliche Version der Hippie-Kultur. Die Hare Krischnas gewannen viele Anhänger in der Atmosphäre pointierter Gesellschaftskritik der 68er-Zeit, sie profitierten von der damaligen Bereitschaft zum alternativen Leben unter jungen Menschen. Ähnliches galt für andere Guru-Gruppen und für die Vereinigungskirche.

Noch deutlicher ist der Zusammenhang mit der 68er-Bewegung bei der AAO, die eine „Versektung" eines für die Zeit typischen alternativen Gesellschaftsentwurfs darstellt. Die „Deutsche Akademie für Psychoanalyse" stellt in ähnlicher Weise eine Versektung der linken, gesellschaftskritischen Psychoanalyse dar, ebenso der bereits erwähnte „Bund gegen Anpassung". Beider Aufbruchsmilieu war der Psycho-Boom der siebziger Jahre, der linke, gesellschaftskritisch denkende junge Menschen erfaßte und bei ihnen zu einer Wendung nach innen und zu einer Beschäftigung mit der eigenen, seelischen Befindlichkeit führte.

Die Osho/Bhagwan-Gruppe gehört wiederum in eine spätere Zeit: Sie bezog ihre Aufbruchsdynamik aus dem Psycho-Boom zwischen 1975 und 1980, als dieser sich mit religiösen (vor allem hinduistischen) Elementen verband, und aus der beginnenden New-Age-Bewegung. Sie war die Gruppe, die in versekteter Form bot, was auch die New-Age-Bewegung anbot und wollte. Ein großer Teil dieser Bewegung hat sich folgerichtig inzwischen in die New-Age-Szene hinein verloren. Alle genannten Gruppen haben ihre speziellen Wahrheiten über den Menschen und die Welt, sie haben ihre Rezepte für den nun endlich herzustellenden Fortschritt. Sie haben allerdings auch – und das macht sie sektiererisch – einen absoluten Anspruch auf den Besitz der Wahrheit und des Fortschritts. Sie haben als Gruppe, anders als breite ideologische Strömungen, konkrete, anfaßbare und vorzeigbare Garanten der Wahrheit: Einen übermenschlich weisen Gründer, eine unbefragbar weise Hierarchie oder ähnliches. An beide muß man sich binden, will man an der Wahrheit und an der Utopie teilhaben.

Sie alle stehen unserer Kultur durch ihren exklusiven Anspruch als Gegenwelt gegenüber, aber sie sind eine aus den Beständen eben dieser Kultur gebastelte Gegenwelt. Sie sind ihrem Milieu verpflichtet, indem sie vorgeben, das zu sein oder werden zu können, was die Gesamtkultur sein will oder werden will: Vollkommene Gemeinschaft, Bringer unendlicher Freiheit und Macht, Quelle irdischer Glückseligkeit und so fort. Die Gruppe hält ihrer Umwelt den Spiegel vor, indem sie genau die Defizite und Widersprüche zu lösen verspricht, an denen die Menschen leiden.

Die Gemeinschaft und ihre Außenbeziehungen

Die Konfliktträchtigkeit einer Gruppe hängt nicht nur an der Radikalität oder Abwegigkeit ihrer Ideen, sondern auch an der Art, wie diese Ideen Gestalt annehmen. Daher müssen ihre Innenstruktur und ihre Außenbeziehungen auf Gefahrenpunkte hin betrachtet werden. Allgemein gilt: Je totalitärer die innere Struktur einer Gruppe ist und je geschlossener sie sich nach außen präsentiert, desto größer das Konfliktpotential.

Einen wichtigen Hinweis gibt bereits die Frage: Stimmt die Gedankenwelt der Gruppe innen mit dem überein, was nach außen vertreten wird? Oder gibt es eine „doppelte Wahrheit" für die Außendarstellung und für die Gruppenmitglieder? Steven Hassan schildert aus seiner Zeit als Munie in den siebziger Jahren ein klassisches Beispiel. Nach außen hin setzte „Reverend" Mun, der angebliche Messias, sich für amerikanische Werte ein, darunter Demokratie, Meinungsfreiheit und so weiter. Immerhin lebt Mun in den USA und sucht bis heute Unterstützung beim rechten Flügel in der amerikanischen Politik. Nach innen hin wurde die US-Demokratie dagegen als historisches Auslaufmodell betrachtet, das nach Gottes Willen dem theokratischen Staat unter Muns Herrschaft weichen müsse. Das hatte praktische Folgen. Im Innern der Gruppe waren die amerikanischen Anhänger den Koreanern untergeordnet und sind es immer noch. Koreaner gelten bei Mun als höherwertige Menschen. Nach außen hin wird diese Wertung sorgfältig versteckt.[25]

Es ist offensichtlich, daß nur eine geschlossene Gruppe eine „doppelte Wahrheit" vertreten kann. Selbst mäßig offene Gruppen könnten nicht verhindern, daß ihre Anhänger die innere Wahrheit nach außen verbreiten. Es muß eine straffe Herrschaftsstruktur geben, die festlegt, was „äußere Wahrheit" ist, und diese unter Umständen auch einmal wechselt. Eine Diskussion um die Außendarstellung kann es bei einem Kurswechsel nicht geben, wenn eine „doppelte Wahrheit" gilt. Wie eine totalitäre Machtstruktur dieser Art aussieht, kann wiederum am Beispiel der Scientology-Organisation und ihrer besonders „steilen" Hierarchie gezeigt werden: Es gilt durchweg das Prinzip von Befehl und Gehorsam, innere Demokratie ist nicht nur unbekannt, sondern aus der Sicht der Scientologen gefährlich. Die Gruppe erhielt von ihrem Gründer L. Ron Hubbard eine militärische Organisation mit der dort üblichen Kommandostruktur und der Kontrollbefugnis der Vorgesetzten den Untergebenen gegenüber. Beides, das Gehorsamsprinzip und die umfassenden Kontrollbefugnisse der Vorgesetzten, sind typisch für ein totalitäres System.

Der Zugriff der jeweiligen Führungsebene auf die untergeordneten Scientologen wird durch eine starke „Gruppenkohäsion" sichergestellt, da es staatliche Machtmittel wie in einer Diktatur nicht gibt. Die Beziehungen innerhalb der Gruppe sind eng, es herrscht ein auffälliger Korpsgeist, während die Außenbeziehungen der Anhänger verkümmern. Nach außen tritt dieser Korpsgeist als Elitebewußtsein in Erscheinung, als ein Gefühl der Überlegenheit der

---

[25] Steven Hassan: Ausbruch aus dem Bann der Sekten. Reinbek 1993.

Insider allen Outsidern gegenüber. Einige Ex-Scientologen haben darüber berichtet, daß die höheren Grade der Scientology-Hierarchie, die sogenannten „Operierenden Thetans", alle Nicht-Scientologen für geistig minderbemittelt und nahezu für psychisch krank halten. Um diese Selbstidealisierung zu bekräftigen, wird in der Gruppe eine Sondersprache benutzt, die Außenstehende ohne Vokabellernen nicht zu verstehen vermögen.

Zu diesen gruppendynamischen Merkmalen kommen handfeste Abhängigkeiten dazu. Bekannt ist die finanzielle Zwangslage, in die viele Scientologen geraten, weil sie ständig hohe Kosten für das interne Kurssystem aufzubringen haben. Das vollständige Durchschreiten der „Brücke zur Freiheit", wie die Abfolge der Kurse genannt wird, soll zur Zeit um 500 000 DM kosten. Wenn ein Scientologe diese Summen durch Mitarbeit in der Scientology-Organisation aufbringen muß, die sehr geringe Entgelte für die Arbeit bezahlt, wird er zeitlich und finanziell völlig vereinnahmt. Darüber hinaus herrscht in der Organisation interne Spitzelei. Es gibt eine Art Geheimpolizei mit Dossiers über die Mitarbeiter (Ethik-Akten). Die Kontrollbefugnis der Organisation bezieht sich also keineswegs nur auf berufliche Aufgaben, sondern auf die gesamte Haltung des Scientologen.

Das Elitebewußtsein der Scientologen (und einiger anderer Gruppen) hat die Konsequenz, daß sie sich der Kritik der Umwelt durch eine Art Festungsmentalität erwehren. Die Abschottung gegen die Außenwelt wird sowohl durch die Idealisierung der eigenen Gruppe erzeugt, als auch durch die Abwertung der Außenstehenden. Deren Kritik versucht man abzublocken, indem man sich in eine eingebildete Opferrolle flüchtet. Der Zusammenhang ist leicht nachzuvollziehen: Da man sich selbst idealisiert, müssen die Gegner notwendigerweise dämonisiert werden. So wie die eigene Gruppe das Gute verkörpert, verkörpern die Gegner das Böse. Und wo das Böse das Gute verfolgt, entsteht (angeblich) edles Märtyrertum.

Bei den Scientologen bildet dieses Märtyrerbewußtsein eine der Hauptwaffen im Kampf gegen Kritiker. Sie werden als kriminell dargestellt, und die Scientologen folgerichtig als Opfer von Verbrechern. In letzter Zeit wird gerne der Vergleich zwischen der Kritik an den Scientologen und der Judenverfolgung im Dritten Reich gezogen und mit großen Aufwand publiziert. Dabei werden Sektenexperten und Politiker, die gegen Scientology arbeiten, mit den Nazis auf eine Ebene gestellt. Eine komische Note kommt in dieses üble Spiel dadurch, daß dieselben Sektenexperten und Politiker von einer anderen Gruppe – dem bereits erwähnten VPM – als linksextreme Gesellschaftsfeinde diffamiert werden. Ob man Kritiker als linke oder als rechte Unmenschen darstellt – nicht nur die Scientologen wollen sich als Märtyrer präsentieren, sondern auch der VPM und andere. Und da sich die Extremisten verschiedener Couleur nicht miteinander absprechen, geraten ihre Feindbilder widersprüchlich. Aber gemeinsam ist ihnen das Verschwörungsdenken und der Rückzug in den Bunker der Gruppenwelt.

Man mag sich fragen, ob Strukturen wie die der Scientology-Organisation wirklich nur sektiererisch sind. Gibt es nicht auch Übereinstimmungen mit unser aller Lebenswelt, die den Übergang in das Sektensystem erleichtern? Schließlich geht es den Scientologen nicht nur um das ferne Heilsziel, zum Übermenschen zu werden. Es geht ihnen um Geld und Macht, um eine Karriere innerhalb und außerhalb der Organisation, um das Ausschalten ihrer Gegner usw. Das scheint auf den ersten Blick genau das zu sein, worum es unserer ganzen Gesellschaft geht. Soweit die inneren Strukturen der Scientologen-Welt solchen Zielen dienen, gibt es in der Tat Ähnlichkeiten mit manchen Zügen unseres Geschäftslebens und unserer Bürokratien. Das gilt auch für die äußere Struktur der Organisation, die sich als Konzern darstellt, der seine fragwürdigen Produkte international vertreibt. Ein solcher Multi stellt eine typisch westliche Institution dar, sicher keine sektiererische Sonderorganisation.

Auf der anderen Seite werden die „Werte", an denen die Scientology-Organisation sich ausrichtet, in unserer Gesellschaft (noch) durch andere Werte ausbalanciert, vor allem durch die Regeln der Humanität. In bezug auf diese Werte praktizieren (und lehren) die Scientologen das strikte Gegenteil dessen, was in der Gesellschaft gilt. Kritikern der Scientology-Praktiken muß man aus der Sicht der Sekte keine Toleranz entgegenbringen, sondern Haß und Verfolgung. Der Dialog der verschiedenen Gruppen, und damit die bei uns üblichen Wege des Interessenausgleichs, wird programmatisch verhindert. Einklagbare Rechte gibt es für den einzelnen Scientologen in seiner Organisation nur, falls er sie durch Leistung und Gefolgstreue verdient – Menschenrechte gibt es für ihn nicht. Selbst der Begriff „Ethik" wird, wie gesagt, bei Scientology umdefiniert. Er bezeichnet nicht mehr die Regeln guten Handelns für alle Menschen, sondern die Regeln eines Handelns, das Scientology nützt.

Mit anderen Worten: Trotz der teilweisen Kompatibilität der Scientology-Welt mit unserer Alltagswelt fehlen bei der Sekte Kontrollmechanismen, die es in der Gesellschaft gibt. Die Scientology-Struktur ähnelt einzelnen Lebensbereichen unserer Gesellschaft sehr wohl, aber sie zeichnet sich durch eine Einengung auf eben diese Bereiche aus, während notwendige andere Strukturen fehlen. Eine solche, radikal gegen die humanen Werte unserer Kultur gerichtete Zielsetzung läßt sich nur in einer geschlossenen Gegenwelt in die Praxis umsetzen. Und genau das ist in der Scientology-Organisation der Fall. Ehemalige Mitglieder sprechen davon, daß diese Welt, trotz aller öffentlichen Geschäftemacherei, im Grunde genauso von der Umgebung abgeschottet sei wie ein elitärer Geheimorden.

Personenkult – Kern des Sektierertums

Ein anderer Gefahrenpunkt ist dagegen sektentypisch, ja der Kern sektiererischen Gruppenlebens: der Personenkult um die Zentralfigur. Ein gutes Beispiel ist die ebenfalls schon erwähnte EAP (Europäische Arbeiterpartei, LaRouche-Bewegung). Wie Scientology verspricht sie Fortschritt in versekteter Form, in diesem Fall Fortschritt durch die richtige Politik, die auf richtiger Erkenntnis über den Menschen beruhen soll. Im Unterschied zu Scientology hat die EAP aber noch einen lebenden Meister, nämlich Lyndon LaRouche. Ihm wird von den Anhängern ein regelrechtes Wahrheitsmonopol zugeschrieben. Außerdem ist Lyndon LaRouche ein gutes Beispiel für die Legenden, die sich bei den Anhänger (zum Teil auf

Betreiben des Meisters hin) um ihren verehrten Führer bilden. Eine fiktive Biographie mit heroischen Zügen entsteht, die echte Biographie wird (wenn andere sie publizieren) geleugnet und bekämpft.[26]

Die Auswirkungen des Personenkults bestehen nicht selten darin, daß die Geld- und Machtgier der Führung ungehemmt ausgelebt werden kann. Es kommt immer wieder zu Formen der wirtschaftlichen Ausbeutung einfacher Mitglieder, am extremsten wiederum in der Scientology-Organisation. Anderswo geht es eher um sexuelle Besitzansprüche. Außerdem werden von den Anhängern aufgrund der Loyalität dem Führer gegenüber staatliche Gesetze (Arbeitsrecht, Gesundheitsfürsorge, Strafrecht) immer wieder mißachtet. Es ist verständlich, daß die verehrte Zentralfigur nach und nach meint, über dem Gesetz zu stehen und sich überall ihre eigenen Regeln machen zu können, wie sie es in der Innenwelt der Gruppe gewohnt ist. Dadurch sind eine Reihe angeblich erleuchteter Gurus oder „Generalvertreter Gottes" mit dem Gesetz in Konflikt geraten.

Lyndon LaRouche stolperte über seine Geldgier, er wurde wegen Betrugsdelikten zu fünfzehn Jahren Gefängnis verurteilt. Mun verstieß gegen das US-Steuerrecht und mußte immerhin ein Jahr in einem Gefängnis verbringen. Otto Mühl, der bereits erwähnte Chef der Pychosekte AAO, nahm sich heraus, nach Belieben mit minderjährigen Mädchen aus seiner Gruppe zu schlafen. Aber selbst wenn die vom Personenkult verursachten Mißstände in der Gruppe nicht strafrechtlich zu fassen sind, machen sie einen schlechten Eindruck auf die Öffentlichkeit und provozieren kritische Reaktionen. Der Personenkult gehört zu den Merkmalen einer sektiererischen Gruppenwelt, die Außenstehenden am schwersten zu vermitteln sind und die deshalb nicht selten versteckt und verleugnet werden.

Eine Presseagentur meldet am 17. 1. 1994:
ap. Die unter dem Namen „Uriella" bekannt gewordene, selbsternannte Geistheilerin Erika Bertschinger ist vom Schweizer

[26] Hella Ralfs-Horeis: „Menschheitsretter" La Rouche. Materialdienst der EZW 10/91. S. 296–308.

Kantonsgericht Appenzell-Außerrhoden zu einer Geldbuße von 20 000 Franken (etwa 22 000 DM) verurteilt worden. Das Gericht sprach die 64jährige des mehrfachen Verstoßes gegen das kantonale Gesundheitsgesetz schuldig. Das am Montag veröffentlichte Urteil sieht nach Auskunft des Gerichts in Trogen neben der Buße die Rückerstattung von unrechtmäßigen Einkünften in der Höhe von 100 000 Franken aus ihrer Tätigkeit als Heilpraktikerin in Schwellbrunn vor.

Die Chefin der Sekte „Fiat Lux" wurde für schuldig befunden, nicht registrierte Heilmittel abgegeben und einen unerlaubten Großhandel mit diesen Mitteln betrieben zu haben. Zudem hat sie laut Urteil die Heilmittel unkorrekt beschrieben, angepriesen und etikettiert. Vorgeworfen wird „Uriella" weiter, sie habe Diagnosen gestellt und Therapien angeordnet, ohne die Patienten überhaupt konsultiert zu haben. „Uriellas" Ehemann Eberhard Bertschinger, der sich selbst „Icordo" nennt, zeigte sich gestern am Hauptsitz der Sekte in Ibach (Kreis Waldshut) erstaunt über das Urteil. Die Entscheidung werde beim Obergericht angefochten, sagte er ...

Dazu eine Meldung vom 17. 3. 1994:
dpa. ... das Obergericht reduzierte die Strafe auf 15 000 Franken und die zu zahlende Gewinnsumme auf 50 000 Franken. Der Entzug der Heilpraktikerlizenz wurde als unverhältnismäßig harte Maßnahme bezeichnet und aufgehoben.

Schwer zu verbergen ist der Personenkult bei den Neuoffenbarungsgruppen, in denen ein Mensch als VermittlerIn göttlicher Botschaften auftritt. Diese Botschaften sind für die Gläubigen unkritisierbar, und mit ihnen die Person, in deren Besitz sich das Vermittlungsrecht befindet. Ein absolutistischer Führungsstil stellt sich von selbst ein, sobald die angeblichen göttlichen Botschaften den Bereich des Religiösen verlassen und praktische Bedeutung für die Gruppe gewinnen. Von dem selbsternannten Trance-Medium Uriella (Fiat Lux) ist bekannt, daß ihre „Durchgaben" eine Vielzahl von Anordnungen und Weisungen enthalten, die zum Teil direkt an einzelne Personen gerichtet sind. Auf die angemaßte göttliche Autorität gestützt, kann die Zentralfigur einer solchen Gruppe völlige Loyalität von den Anhängern verlangen und innerhalb der Gemeinschaft auch erzwingen. Wenn diese Loyalität, wie im Fall Uriellas, auch das Anerkennen medizinischer Diagnosen und das Vertrauen auf ihre Heilbehandlung mit einschließt, wird es gefährlich für Leib und Leben der Anhänger. Die Staatsanwaltschaft Waldshut hat jetzt Anklage gegen Uriella erhoben und ihr den Tod von zwei Sektenmitgliedern angelastet, die starben, weil notwendige medizinische Schritte verhindert worden waren.

Eine andere Form völliger Loyalität wird dann gefordert, wenn die Vater- oder Mutterrolle von der Zentralfigur beansprucht wird. Bei Mun (Vereinigungskirche) ist sogar beides der Fall. Als lebender Messias verkörpert er göttliche Autorität, als „wahres Elternpaar" beansprucht er zusammen mit seiner Frau die Autorität von Eltern gegenüber ihren unmündigen Kindern.

Die Kehrseite des Personenkults ist die Entpersönlichung (oder Entindividualisierung) der Anhänger. So wie der Meister oder die Meisterin zu „Überpersonen" werden, die in der Beziehung zu anderen mehr gelten als normale Menschen, werden die Anhänger zu „Unterpersonen", die weniger gelten als Menschen in einer normalen Beziehung. Man kann auch (mit einen Fachausdruck der Kommunikationstheorie) von einer äußerst asymmetrischen Beziehung zwischen Führerschaft und Anhängerschaft sprechen. Das bedeutet zum Beispiel, daß die Führung einen ungewöhnlichen Einfluß auf die alltägliche Lebensgestaltung der Mitglieder nimmt, bis hinein in intime Beziehungen. Bekannt ist die Praxis der Vereinigungskirche, Mitglieder willkürlich zu verheiraten. Bekannt sind auch die „Trennungsbefehle" der Scientologen, die Mitgliedern auferlegen, sich von kritischen Angehörigen loszusagen. Weitere äußere Zeichen der Entindividualisierung der Anhänger sind der Zwang zum Gemeinschaftseigentum oder das Einbehalten von Personalausweisen, Pässen und persönlichen Papieren. Je stärker die Führungsgestalt der Gruppe glorifiziert wird, desto stärker wird auch ihr Anspruch, über die einfachen Anhänger nach Belieben bestimmen zu können.

Die Gefahrenpunkte in der inneren und äußeren Struktur einer

Gruppe lassen sich folgendermaßen zusammenfassen: Gefährlich sind
- starre Geschlossenheit nach außen hin, ungewöhnliche Gruppenkohäsion
- ein Unterschied zwischen „innerer Wahrheit" und Außendarstellung
- eine totalitäre Innenstruktur der Gruppe mit „steiler" Hierarchie
- starke Kontrollbefugnisse der Führung, eine ausgeprägte Befehls-Gehorsams-Beziehung von oben nach unten
- Zugriff der Führung auf die Gestaltung des Alltags bei den Anhängern
- Personenkult um die Zentralgestalt der Gruppe, Entpersönlichung der Anhänger
- innere Überwachungs- oder Spitzelsysteme, geheimdienstähnliche Methoden gegen äußere Gegner
- ein starkes Elite- und Sendungsbewußtsein der Gruppe, Selbstidealisierung und Dämonisierung anderer
- finanzielle, berufliche und familiäre Abhängigkeit der Anhänger von der Gruppe bzw. der Führung
- Verschwörungsdenken, Flucht in eine Märtyrerrolle

Die radikalen Fremden

Es gibt ein Merkmal von Sondergruppen und Sekten, das immer wieder zu Konflikten führt und für das (auf den ersten Blick) niemand etwas kann: die Fremdheit der Gruppe in ihrer Umwelt. Bei näherem Hinsehen stellt sich allerdings oft heraus, daß nicht die Fremdheit allein für die Konflikte verantwortlich ist, sondern die Art und Weise, wie versucht wird, Brücken zwischen Gruppe und Umwelt zu finden oder auch bewußt nicht zu finden. Trotzdem darf der Religions- und Kulturimport als ein Faktor, der die Versektung einer Gruppe fördert, nicht übersehen werden.
ISKCON (International Society for Krishna Consciousness) gehört aus indischer Sicht in das Spektrum des Hindu-Fundamentalismus hinein. Sie wird geprägt von ihrer Krischna-Frömmigkeit,

die sich im Chanten (ekstatisches Mantra-Singen) und im Tempel-kult ausdrückt. Die Hare Krischna-Mönche, die in Indien ebenso vertreten sind wie im Westen, fallen dort durch westliche Merkmale auf (Sauberkeit der Tempel, penible Verwaltung usw.), sind aber keine religiösen Exoten. Sie gelten auch in Indien als radikal, lassen sich aber im Rahmen der guruistischen Tradition des Landes verstehen. Anders im Westen: Dort bedeutet das Leben in der Mönchsgemeinschaft als „Gottgeweihter" einen Bruch mit den üblichen (auch mit den alternativen) Lebensformen. Ebenso anstößig wie die Praxis ist die Lehre. Der absolute Gehorsam der Mönche den erleuchteten Gurus gegenüber verstößt gegen unseren Begriff von Menschenwürde. Das (bereinigte und vereinfachte) Kastensystem Indiens als idealer Gesellschaftsentwurf ISKCONs für den Westen läßt sich schon gar nicht vermitteln.

Allerdings kommt es, wie gesagt, immer darauf an, wie mit solchen Unvereinbarkeiten von der Gruppe und von der Öffentlichkeit umgegangen wird: ISKCON wählte in den siebziger Jahren den Weg der Konfrontation und geriet auf das Geleis hin zur Jugendreligion. Sie präsentierte sich ihrer Umgebung als heile Welt und erhob laute Anklage gegen die westliche Gesellschaft. Deren Lebensformen und Denkweisen wurden schwarz in schwarz gemalt, die Krischna-Alternative wurde verherrlicht. Aus diesem Selbstbewußtsein der Erleuchteten in einer unerleuchteten Umwelt heraus entzog man sich auch dem redlichen Dialog. Junge westliche Konvertiten wurden geworben, ohne über den Charakter der Gruppe informiert worden zu sein. Wenn die Angehörigen sich gegen ISKCON stellten, wurden die Beziehungen massiv behindert. Ganz im Sinne der in Kapitel II beschriebenen Kommerzphase wurden „Spenden" erbettelt und die Geber über den Empfänger getäuscht. Ich erinnere mich, daß ich in einer Großstadt von jungen Leuten angesprochen wurde, die mir angeblich ein Buch schenken, in Wirklichkeit aber Geld für den Krischna-Tempel erbetteln wollten – dies aber selbst auf Nachfrage hin nicht zugaben. Daß die Bettel- und Verkaufstätigkeit der „Gottgeweihten" den Tempeln neben fetten Einkünften den Vorwurf einbrachte, ihre Anhänger auszubeuten, kann nicht überraschen.

Die ablehnenden, ja spöttischen Reaktionen in der westlichen Öffentlichkeit trugen natürlich dazu bei, das Schwarz-Weiß-Denken der Guru-Gruppe zu festigen. Wie häufig schaukelten sich die Diffamierungen gegenseitig hoch: Je kritischer die Umwelt wurde, desto mehr bestätigte sich in den Augen der Gruppe, daß mit dieser Umwelt nichts anzufangen sei. Das elitäre Selbstbewußtsein der Gruppe wuchs, und um so radikaler wurde ihr Auftreten. Insofern ist die Umwelt immer an der Radikalisierung einer Gemeinschaft mitbeteiligt. Aber bei aller berechtigten Forderung nach Toleranz ist doch festzuhalten, daß es auch für Sekten gilt: Wie man in den Wald hineinruft, so schallt es heraus. Wer die eigene Gruppe als makellose Gemeinschaft versteht, in der sich die Wahrheit über die Welt und ihr Heil verkörpert und in der allein der richtige Weg des Lebens praktiziert wird, darf sich über abweisende Reaktionen nicht wundern. Die von der Gruppe abgewertete Umwelt, besonders die direkt geschädigten Angehörigen der Konvertiten, werden ihrerseits die (zum Teil recht offenkundigen) Makel der Gruppe hervorheben.

Das Bild des dunklen, gefährlichen „destruktiven Kultes", das in den Medien entsteht, läßt Differenzierungen außer acht und ist von daher ungerecht: ISKCON findet sich in einem Topf mit den Scientologen und den Satanisten wieder und beklagt sich mit Recht darüber. Aber auf der anderen Seite ist dieses pauschale Bild des „destruktiven Kults" das getreue Spiegelbild des Zerrbildes, das Scientologen, Satanisten und ISKCON – je auf ihre Weise – von ihrer Umwelt zeichnen. Man kann keine Differenzierungen verlangen, wenn man selbst nicht differenziert. Man findet bei anderen kein Verständnis, wenn man kein Verständnis für andere hat. Das gilt auch dann, wenn die Verständnislosigkeit ursprünglich zu einem nicht geringen Teil auf kultureller Andersartigkeit beruhte. Es sieht übrigens so aus, als ob im Moment ein Prozeß der Selbstbesinnung bei ISKCON abläuft; die Krischnas nähern sich der zweiten Generation ihres „Sektenlebens" im Westen. Das Ergebnis muß man abwarten.

In der Regel hat der Wunsch – oder die Leidenschaft – einer Gruppe, eine sektiererische Gegenwelt zu bauen, seinen Ursprung nicht hauptsächlich in ihrer kulturellen Fremdheit. Das gilt sogar für indische Guru-Bewegungen, wenn auch in verschiedenem Maß. TM (Transzendentale Meditation des Gurus Maharishi Mahash Yogi) wurde zum Beispiel in ihrer Ursprungszeit in den USA viel stärker amerikanisiert als ISKCON und tritt deshalb auch in Europa in einer stark akkulturierten Gestalt auf – als Kurssystem für Entspannung und Leistungssteigerung, als Anleitung zur Meditation, sogar als politische Partei (Naturgesetzpartei) usw. Die Guru-Verehrung wird weiter praktiziert, rückt aber ins Innere der Gruppe und läßt sich an deren Rand kaum wahrnehmen. Trotz dieser geringeren kulturellen Fremdheit ist der Absolutheitsanspruch bei den langjährigen TM-Anhängern stark zu merken, ihr Fanatismus steht dem bei Hare Krischna oder Ananda Marga nicht nach. Im Gegenteil, in bezug auf die ideologische Verhärtung des Denkens gibt TM mehr Anlaß zu Besorgnis als ISKCON.

Andere Guru-Bewegungen, wie Brahma Kumaris, nehmen in ihrer Anpassung an den Westen eine mittlere Position ein: In der Politik, mit ihren öffentlich auftretenden „Frontorganisationen", zeigt sich Brahma Kumaris gut an westliche Verhältnisse angepaßt. Die Lebensführung der Anhängerinnen und Anhänger ist aber die einer hinduistisch-fundamentalistischen Reformbewegung mit Elementen, die für junge Leute aus dem Westen befremdlich sind (strikte Ernährungsregeln, sexuelle Askese usw.).

Die meisten Psychogruppen und die klassischen Sekten sind uns kulturell nicht fremd. Aber als eine unter vielen Quellen von Konflikten trifft man immer wieder auch auf das Problem interkulturellen Verstehens. Das kann selbst für Gruppen gelten, die nicht als Sekten bezeichnet werden können:

An unseren Universitäten tritt die sogenannte UBF (University Bible Fellowship) als missionierende Gruppe auf. Theologisch gehört sie zur evangelikalen Bewegung, und an manchen Orten arbeitet sie auch in der Evangelischen Allianz mit (ein überkonfessioneller Zusammenschluß evangelikaler Einzelpersonen, dem auch einige Katholiken angehören). Eine dialogfähige Theologie und Kooperationsbereitschaft sind also bei der UBF prinzipiell vorhanden, was nicht sektentypisch ist. Aber die Praxis der Gruppe wird als anstößig erlebt. Man betreibt in der UBF ein Zweier-Bibelstudium, in dem ein „Hirte" (shepherd) ein „Schaf" persönlich anleitet und persönliche Probleme aller Art bespricht. Dabei kommt es zu Abhängigkeiten der „Schafe" von ihren „Hirten" und zu Ratschlägen, die Angehörige der betroffenen „Schafe" kränken müssen. Die hierarchisch organisierte, internationale Organisation der „Hirten" trägt zu dem Gefühl bei, daß die „Schafe" in einen Apparat zur Machtausübung hineingeraten.

Weiterhin gibt es bei UBF die Praxis des „sogam". Dies sind niedergeschriebene Bekenntnisse und Bußberichte, die öffentlich vorgetragen werden. Auch sie werden unter dem Einfluß der „Hirten" verfaßt. Darüber hinaus hat die Gruppe einige weitere autoritäre Züge, die zu Konflikten Anlaß geben. Von arrangierten Heiraten wird berichtet, von der Vernachlässigung menschlicher Pflichten aufgrund der zwanghaften (ja fanatischen) Missionstätigkeit usw. Bei näherer Betrachtung zeigt sich, daß manche anstößige Züge der UBF-Praxis „fremdkulturell" sind. Die UBF entstand in Korea aus dem sogenannten „shepherding/discipleship-movement", obwohl sich das Zentrum heute in den USA befindet. Die Führungspositionen scheinen von Koreanern besetzt zu sein. In der koreanischen Kultur haben Autoritäten und Hierarchien aber einen anderen Stellenwert als bei uns, selbst arrangierte Heiraten sind noch üblich.

Die Praxis des „sogam" hat etwas mit der Tradition konventioneller Selbstherabsetzung zu tun, durch die in Ostasien jahrtausendelang gesellschaftliche Über- und Unterordnungsverhältnisse stabilisiert wurden. Das bedeutet natürlich nicht, daß man nun – nachdem man sie als fremde Kulturelemente erkannt hat – solche Praktiken gutheißen müßte. Eine Gruppe, die christliche Mission unter westlichen Studenten betreiben will, muß sich fragen lassen, ob solcher kultureller Ballast wirklich zu ihrem Auftrag gehört. Sie muß die Frage beantworten, warum Studenten sich nicht nur an das Evangelium, sondern auch an selbsternannte „Hirten" und an eine Hierarchie altgedienter UBFler binden sollen. Geht die UBF auf solche Fragen nicht ein, setzt sie sich dem Verdacht aus, daß es weniger um die Verbreitung des Evangeliums als um die Vermehrung der eigenen Anhängerschaft und vielleicht um Macht über Menschen geht.

Allerdings müssen sich alle Gruppen innerhalb der großen Kirchen solchen Fragen ebenso stellen. Auch sie müssen prüfen, welchen historischen oder kulturellen Ballast sie mit sich herumschleppen, was abgelegt werden kann oder, der Menschen wegen, abgelegt werden muß. Welche Formen und Praktiken sind unverzichtbare „Verleiblichung" des Evangeliums, welche Institutionen gehören zur irdischen Gestalt der Kirche in unserer Zeit unverzichtbar hinzu – und welche eben nicht? Den Mut, die Wahrheit des Glaubens auch in geänderten Formen und Praktiken zu gestalten, muß man haben, will man denselben Mut von anderen verlangen.

Vom Umgang mit Extremgruppen

Die Gegenwelt der Sektierer kann nur existieren, wenn ihre Existenz als Gruppe einigermaßen toleriert wird. Nicht jede abweichende Denk- und Lebensweise wird von der Mehrheit hingenommen – auch in unserer liberalen und pluralen Gesellschaft nicht. Immer wieder überschreiten Gruppen die Grenzen öffentlicher Toleranz und geraten unter massiven Druck:

Die mehrfach erwähnte Aktionsanalytische Organisation (AAO) verlor ihren Einfluß, weil die Justizbehörden Österreichs schließlich – nach langem Zögern – dem Strafgesetzbuch dem Sektenchef Otto Mühl gegenüber Geltung verschafften. Gegen die Scientologen ermitteln in Deutschland zur Zeit nicht nur Staatsanwaltschaften, sondern sogar der Verfassungsschutz. Der Druck kritischer Medienberichte nahm seit etwa 1990 laufend zu. Dieser Druck wird von der Scientology-Organisation stark empfunden, denn die angebliche „Kirche" lebt vom Verkauf ihrer Kurse, und zu viel negative Popularität entzieht ihr die finanzielle Grundlage. Auch die politische Lage ist für sie bedrohlich; die Meinungsbildung scheint zur Zeit sogar ein Verbot nicht auszuschließen. Entsprechend massiv sind daher die Anstrengungen der Scientologen, sich selbst als verfolgte religiöse Minderheit hinzustellen, ihre Kritiker als Verbrecher zu diffamieren, die deutschen Behörden mit den Judenverfolgern des Dritten Reichs zu vergleichen und so dem öffentlichen Druck entgegenzuwirken.

All dies sagt noch nichts aus über das moralische Recht einer Mehrheit, Druck auf eine Extremgruppe auszuüben. Bei Scientology wird dieses Recht kaum in Zweifel gezogen – außer von den Scientologen selbst. Im Fall der AAO gab es einige – aber nur wenige – ehemalige Freunde Mühls aus der Wiener Künstlerszene, die Kritik an den Justizbehörden übten. Auch andere Fälle liegen ziemlich klar: Die sexualmagische Sekte Thelema geriet nach einhelligem Urteil von Experten nicht zu früh, sondern zu spät ins Visier der Rechtspflege. Dasselbe gilt für die merkwürdigen Heilungspraktiken Uriellas. Aber in anderen Fällen ist durchaus strittig, ob äußerer Druck gerechtfertigt ist und welche Art Druck vertretbar ist. Die damit verbundenen juristischen und ethischen Fragen können hier nicht diskutiert werden. Sie stehen aber um so mehr zur Beantwortung an, je mehr das Sektierertum in unserer Gesellschaft um sich greift. Es muß bedacht werden, daß es nicht nur Prozesse der Versektung, sondern auch solche der „Entsektung" gibt und daß es zu den Aufgaben von Staat, Gesellschaft und Kirche gehört, letztere zu fördern. Wie das geschehen kann und soll, läßt sich zwar fragen, aber zur Zeit kaum beantworten. Es wurde noch viel zu wenig darüber nachgedacht, wie mit extremen Gruppen umgegangen werden müßte, um ihnen Wege hin zur besseren Anpassung an ihre Umwelt zu eröffnen. Vielleicht sind die Möglichkeiten dazu begrenzter als wir annehmen. Vielleicht gibt es aber bisher unentdeckte Möglichkeiten der Befriedung radikaler Sekten, Psycho- und Politgruppen. Wir wissen noch zu wenig, um Regeln oder gar Rezepte geben zu können.

V. Der einzelne in der Sekte

> *Wisse denn, daß jetzt, gerade jetzt, die Menschen mehr denn je davon überzeugt sind, grenzenlos frei zu sein. Dabei brachten sie selbst uns die Freiheit dar und legten sie uns demütig zu Füßen. Solches vermochten wir. (Fjodor M. Dostojewskij, Der Großinquisitor)*

Wie wird man zum Sektierer?

Warum tritt man in eine extreme Weltanschauungsgemeinschaft ein? Spielen persönliche Probleme und seelische Defizite die Hauptrolle, oder spielen Manipulationstechniken der Werber die wesentliche Rolle? Wo liegt der Gewinn (oder scheinbare Gewinn) für den Einsteiger? Wie wird man mit den inneren Spannungen und den äußeren Konflikten der Gruppe fertig?

Wir wollen uns das Problem nochmals vor Augen führen: Extremgruppen stehen mit ihrem religiösen und kulturellen Milieu in einem Spannungsverhältnis zwischen Abgrenzung und Anziehung. Die Glaubenswelt der Zeugen Jehovas erscheint der großen Mehrheit unserer Bevölkerung absurd. Darüber hinaus wäre diese Mehrheit nicht bereit, so zu leben, wie Zeugen es tun müssen. Andererseits erscheint den Zeugen die Außenwelt als ein System der Sünde, dem Gott bald den Untergang bereiten wird. Alle, die zum alten System gehören und nicht Zeugen sind, führen aus ihrer Sicht eine inakzeptable, von vornherein vergebliche Existenz.

Wähle ewiges Leben im Paradies auf Erden:
In Wirklichkeit stehen nur zwei Möglichkeiten zur Auswahl. Christus verglich dies mit der Wahl zwischen zwei Wegen. Der eine Weg ist, wie er sagt, „breit und geräumig". Diejenigen, die ihn gehen, haben die Freiheit, zu tun, was ihnen beliebt. Der

andere Weg dagegen ist „eingeengt". Ja, diejenigen, die auf diesem Weg sind, müssen den Richtlinien und Gesetzen Gottes gehorchen ... Bedenke dabei folgendes: Der breite Weg wird plötzlich zu Ende sein – er führt in die Vernichtung! Der schmale Weg dagegen wird dich bis in Gottes neues System führen. Dort kannst du dich daran beteiligen, die Erde zu einem herrlichen Paradies zu gestalten, in dem du für immer glücklich leben kannst (Matthäus 7,13.14).

Denke nicht, es gebe verschiedene Wege, die du gehen könntest, um in Gottes neuem System Leben zu erlangen. Es gibt nur einen. Es gab nur eine Arche, die die Sintflut überstand, nicht mehrere. Und es wird nur eine Organisation – die sichtbare Organisation Gottes – geben, die die schnell herannahende „große Drangsal" überleben wird ... Wenn du zum ewigen Leben gesegnet werden möchtest, mußt du zu Jehovas Organisation gehören und seinen Willen tun (Psalm 133, 1-3).

Behalte daher das Bild von Gottes verheißenem neuen System der Dinge fest in deinem Sinn und in deinem Herzen. Denke jeden Tag an den großartigen Preis, den dir Jehova Gott in Aussicht stellt – ewiges Leben im Paradies auf Erden. Dies ist kein Traum. Es ist Wirklichkeit!

Aus: Du kannst für immer im Paradies auf Erden leben. Watchtower Soc. 1982 S.255

Die Abgrenzung scheint von beiden Seiten vollkommen zu sein. Trotzdem muß die Denk- und Lebensweise der Zeugen für manche Menschen attraktiv sein, denn sonst könnten sie keine neuen Anhänger gewinnen, sie könnten die harsche öffentliche Kritik nicht überstehen, und sie würden aus der Gesellschaft verschwinden. Das geschieht aber nicht; die Zeugen Jehovas halten in Deutschland seit Jahrzehnten ihren Mitgliederbestand und wachsen sogar langsam an. Der Abgang enttäuschter und ausgebrannter Zeugen wird durch die Missionserfolge mindestens ausgeglichen. Es muß einen Ansatzpunkt geben, der es der Wachtturmgesellschaft ermöglicht, das Leben und Denken der Zeugen (so, wie es von außen erscheint) als positive Lebensmöglichkeit darzustellen. Das ist um so erstaunlicher, als die Zeugen – anders als viele andere Gruppen – über kein sympathisierendes Umfeld verfügen. Wie kommt man dazu, einer gesellschaftlich isolierten Gemeinschaft wie den Zeugen Jehovas beizutreten?

An diesem Punkt geraten manche Erklärungen zu einfach. Sie stellen fest, daß den künftigen Anhängern ein geschöntes Bild der Sektenwirklichkeit geboten wird. Wer bei den Zeugen mitmacht, weiß nicht, in was für ein Macht- und Angstsystem er sich hineinbegibt. Das ist richtig. Aber er weiß sehr wohl, daß er sich einer Minderheit anschließt, deren Lebensweise bemitleidet und deren Lehre verlacht wird. Einen solchen Schritt tut niemand ohne Gründe, die aus seiner Sicht zwingend sind. Die Zugehörigkeit zu einer Gruppe, die allein Wahrheit und Heil besitzt und die von unbezweifelbaren Autoritäten geführt wird, muß attraktiv sein – zumindest für manche Menschen und in manchen Situationen. Kann man diese Attraktivität verstehen? Daß das Heilsziel der Sekte attraktiv wäre, wenn man daran glauben würde, ist selbstverständliche Voraussetzung. Wer möchte nicht für immer im Paradies auf Erden wohnen?

Das Problem liegt darin, wie jemand dazu kommen kann, wider alle Erfahrung und wider alle Vernunft zu glauben, daß diese eine, im Vergleich zu den Weltreligionen sehr kleine Gruppe Exklusivrechte auf die Wahrheit und auf die Heilsziele und noch dazu auf den Weg zu ihnen hat. Bei säkularen Gruppen liegt das Problem ähnlich: Wir alle nehmen Fehlentwicklungen unserer Gesellschaft wahr. Aber wer kann ersthaft glauben, daß eine kleine, alternativ-esoterische Extremgruppe wie ZEGG die einzig richtige Diagnose und Therapie hat? Um einer Antwort näherzukommen, wollen wir uns erneut dem Problem des ideologischen Denkens zuwenden.

Wege zum ideologischen Denken

Nehmen Sie an, Sie seien ein normaler, nicht besonders fanatischer Anhänger der CDU und geraten in eine Diskussion mit einem ebensolchen SPD-Anhänger. Sie sagen zum Beispiel: „Die SPD lag in ihrer Beurteilung der Chancen für die Wiedervereinigung vor 1989 völlig daneben. Es war ein Glück für Deutschland, daß die CDU am Wiedervereinigungsgebot des Grundgesetzes festhielt."

Der SPD-Anhänger anwortet vielleicht: „Niemand konnte vor 1989 den Zusammenbruch des Ostblocks voraussehen. Die CDU will sich etwas als Verdienst anrechnen, was ein Geschenk der Geschichte war. Die Deutschlandpolitik der SPD vor 1989 war realistisch, die der CDU nicht."

In diesem Stil könnte die Diskussion weitergehen. Dabei erkennen beide Seiten Wahrheitselemente in der anderen Position an, bestreiten aber auch wichtige Aussagen. Der SPD-Anhänger sieht ein, daß die politische Entwicklung anders gelaufen ist, als vor 1989 angenommen. Aber er bestreitet die Schlußfolgerung des CDU-Anhängers, daß man daher die Deutschlandpolitik vor 1989 hätte anders gestalten müssen. Der CDU-Anhänger seinerseits wird wahrscheinlich einräumen, daß die CDU die Wende im Ostblock nicht verursacht hat, sondern daß sie unverhofft kam. Er wird aber für seine Partei ein Verdienst durch das schnellere Erkennen der neuen Situation in Anspruch nehmen.

Entscheidend ist, daß ein solcher Austausch von Argumenten nur möglich wird, weil die Diskutanten sich teilweise auf gemeinsamem Grund bewegen. Sie stimmen in bezug auf eine Reihe von Fakten überein, und sie unterstellen der anderen Seite redliche (oder zumindest überwiegend redliche) Motive. Der CDU-Anhänger sieht bei der SPD einen politischen Irrtum, aber er sieht keinen üblen Plan, der Bundesrepublik zu schaden. Und der SPD-Anhänger meint zwar, daß sein CDU-Kontrahent unverdiente Meriten beansprucht. Er geht aber von dessen subjektiver Ehrlichkeit aus. Beide lassen sich teilweise auf die Welt des anderen ein. Sie treten in dessen Wirklichkeit ein, sie nehmen dessen Gedanken und Beweggründe auf, um ihren eigenen Standpunkt in die andere Wirklichkeit hinein zu formulieren. Wenn gar nichts wahr und gar nichts ehrlich wäre an dem, was der Kontrahent sagt, könnte man nichts davon aufnehmen.

Natürlich gehört zur Ideenwelt des CDU-Mannes ein Bild vom typischen SPDler und umgekehrt. Beide haben „Vorurteile" über den anderen, was nicht zu vermeiden ist. Die Gedankenwelt beider wäre unvollständig ohne eine Vorstellung vom politischen Gegner. Diese Vorstellung steht im Gespräch auf dem Prüfstand, sie begegnet der Realität der jeweils anderen Welt. Beide setzen ihre Vorstellung damit dem Risiko – aber auch der Chance – einer Veränderung aus. Das heißt nicht, daß es zur Harmonisierung kommen muß. Im Gegenteil, echte Unterschiede werden deutlicher hervortreten. Aber Mißverständnisse und Einseitigkeiten können abgebaut, Informationsdefizite behoben werden.

Nun stellen Sie sich vor, eine ähnliche Diskussion laufe zwischen fanatischen Anhängern beider Parteien ab. Dann würde der CDU-Anhänger vielleicht sagen: „Die SPD war schon immer in ihrer Geschichte bereit, deutsche Interessen ans Ausland zu verkaufen. Der Internationalismus der Partei wurde versteckt, aber nie wirklich abgelegt." Und der SPD-Anhänger könnte darauf antworten: „Die CDU hat das Feindbild des Kommunismus so sorgfältig gepflegt, weil es ihre politische Macht sicherte. Immer, wenn die SPD Reformen forderte, wurde sie in die Ecke der Kommunistenfreunde gestellt. Soll das schmutzige Spiel jetzt weitergehen?"

Der Unterschied zur vorigen Diskussion ist, daß die Argumente (wenn man sie so nennen will) darauf hinzielen, die Redlichkeit des anderen zu bezweifeln. Dahinter steht bereits ein exklusiver Wahrheitsanspruch: „Meine Wahrheit ist so offensichtlich wahr, daß ein Mensch mit redlicher Absicht ihr zustimmen müßte. Da dieser Mensch ihr nicht zustimmt, kann er keine redlichen Absichten haben." Anders gesagt: In der subjektiven Wirklichkeit des fanatischen CDUlers, in seiner Ideenwelt, ist der SPDler mit allen seinen Argumenten bereits verrechnet. Er ist verrechnet als ideologisch verbohrter Internationalist usw. Alles, was der Gegner reden oder tun mag, ist bereits im voraus „erklärt". Die eigene Wahrheit ist exklusiv in dem Sinn, daß sie die Wahrheit des anderen von vornherein ausschließt, aber ein festes Bild von ihm einschließt.

Allerdings eröffnet der fanatische SPD-Mann seinem Partner auch keinen Weg in seine Ideenwelt hinein. In ihr ist der CDU-Mann genauso schon als machtorientierter Opportunist verrechnet wie umgekehrt. Beide Seiten haben ein ideologisches Denken verinnerlicht, es ist zu einem Teil ihrer Persönlichkeit geworden. Unter diesen Umständen kann es kein wirkliches Gespräch mehr geben. Stellen sie sich vor, das ideologische Denken wäre nicht nur Sache eifernder Außenseiter, sondern würde in einer Partei offen geäußert und gelehrt. Dann wäre diese Partei, was ihre Ideenwelt angeht, mindestens als fundamentalistisch zu bezeichnen. Entstünde auch noch eine allmächtige Führung irgendeiner Art, würde die Partei zur Politsekte verkommen. So etwas hat es in unserer Parteienlandschaft immer wieder gegeben, wenn auch nur bei Splittergruppen.

In Sekten, Polit- und Psychogruppen gehört es zur „gruppenöffentlichen Wahrheit", daß andere Ideenwelten in der eigenen zu verrechnen sind. Sie sind zu verrechnen entweder als moralisch verwerflich: Die Scientologen betrachten alle Scientology-Kritiker als Kriminelle. Oder sie sind zu verrechnen als Teil des Unheils außerhalb der Gruppe: Jede Kritik an der Vereinigungskirche wird von satanischen Mächten gewirkt. Auf keinen Fall gibt es in der Ideenwelt der anderen Wahrheitselemente, auf keinen Fall kann ich mich dieser anderen Ideenwelt öffnen, um meine eigene Wahrheit in ihr zu formulieren – und mich ihr damit auszusetzen. Daß diese Art zu denken dem Interesse der Gruppe und ihrer Führung nützt, ist klar. Es macht die Gemeinschaft geschlossen und begründet Machtansprüche. Aber was soll daran für die Anhänger attraktiv sein? Schließlich führt sie in der Kommunikation mit anderen Menschen nur zu Mißverständnissen, Aggressionen und Problemen.

Die Attraktivität geschlossenen Denkens

Die Attraktivität des „geschlossenen" Denkens ist zuerst einmal nicht in der Außenwelt, sondern in der Innenwelt des Sektierers zu suchen: Wer so denkt und redet, hat aus seiner eigenen Sicht immer recht. Das klingt banal, ist aber von enormer Bedeutung. Unsere Weltsicht ist nicht nur Spiel mit Ideen. Sie ist ein Werkzeug, mit der Wirklichkeit umzugehen. Wir stützen unsere Handlungen und unsere Ziele, auch zentrale Lebensziele, mit unserem Denken ab. Wir verlassen uns auf unsere Weltsicht, weil wir annehmen, daß sie funktioniert, daß wir erfaßt haben, wie die Dinge stehen und wie „der Hase läuft". Zweifel machen uns unsicher, sie erzeugen Angst. Je wichtiger uns die Frage ist, desto wichtiger ist uns die Verläßlichkeit der Antwort – und desto größer ist die Angst vor Zweifeln. Existentielle Grundfragen, seien sie religiös oder ideologisch formuliert, sind für viele Menschen die wichtigsten Fragen überhaupt.

Eine Denkweise, die Zweifel nie aufkommen läßt, hat also innerseelische Vorzüge, nicht nur im Bereich von Religion und Ideologie, aber vor allem dort. Menschen, die sich ihrer Identität nicht sicher sind, die von Ängsten bedrängt werden, können sich zumindest vorübergehend die Gewißheit verschaffen, unter allen Umständen richtig zu denken und zu handeln. Wenn man sich dann an eine Instanz bindet, die auf jeden Fall die Wahrheit besitzt, hat man sich (was Zweifel angeht) endgültig abgesichert. Man bezahlt den Preis vorbehaltlosen Vertrauens, und man bekommt die Ware „Wahrheit" garantiert dafür geliefert – zumindest sieht es für den Anhänger so aus. Wenn man in einer Gemeinschaft lebt, die durch die Bindung an die wahrheitsbesitzende Instanz (Buddha des Zeitalters, Wachtturm-Gesellschaft usw.) zusammengehalten wird, dann gehört man zu denen dazu, die recht haben müssen. Das ist wichtig, denn für Menschen ist Wahrheit immer auch ein soziales Produkt.[27]

Es fällt uns schwer, etwas auf längere Sicht für wahr zu halten, wenn wir keine Bestätigung erfahren. In einer „normalen" sozialen Umgebung erfahren wir diese Bestätigung regelmäßig. Wir verkehren überwiegend mit Menschen, mit deren Sicht der Dinge wir mehr oder weniger übereinstimmen. Das ist schon deswegen so, weil jede Kultur (selbst eine so anonyme und plurale wie die unsrige) durch öffentlich geltende Wahrheiten zusammengehalten wird. Darüber hinaus sucht man sich (soweit möglich) ein soziales Milieu aus, in dem man nicht ständig in Frage gestellt wird, in dem man sich heimisch fühlt.

---

[27] Peter L. Berger: Der Zwang zur Häresie. Frankfurt/M. 1980.

Aber die gegenseitige Bestätigung ist normalerweise nicht absolut. Wir haben immer mit Menschen zu tun, die anders denken und mit denen wir trotzdem auskommen möchten. Und selbst weltanschauliche Gesinnungsgenossen (zum Beispiel in den großen Kirchen) sind nicht genormt. Sie gehören zu verschiedenen Flügeln oder Richtungen, und auch mit ihnen müssen wir auskommen. Eine gewisse Infragestellung unserer Sichtweise ist stets notwendig, und die damit verbundene Unsicherheit nehmen wir in Kauf. Schließlich ist damit auch Freiheit verbunden. Wir wollen letztlich nicht in Beziehungen leben, die nur tragfähig sind, solange man sich gegenseitig bestätigt. Wir brauchen positive Resonanz, gewiß, aber wir brauchen auch die Freiheit zur Abweichung. Wir brauchen Zuwendung, die nicht nur an Zustimmung hängt, und Liebe, die Unterschiede erträgt. Gute menschliche Beziehungen leben von einer kunstvollen Balance zwischen Freiheit und Veränderung auf der einen, Bindung und Bestätigung auf der anderen Seite.

In einer sektiererischen Gemeinschaft gibt das Mitglied die Balance zwischen Bindung und Freiheit zugunsten einer übermächtigen Bindung auf. Das existentielle Anliegen – sei es religiös oder nicht – wird jenseits aller Zweifel verfügbar gemacht. Das ewige Heil erscheint bei den Zeugen Jehovas ebenso gesichert wie die absolut richtige Politik bei der EAP. (Ideologische Ziele können zu „säkularreligiösen" Heilszielen werden, indem man sie verabsolutiert. Die Psycho- und Politgruppen sind Beispiele dafür.) Die Angst, am Ende nicht recht gehabt zu haben, die Angst, doch das Falsche getan zu haben, die Angst, nicht zu den Geretteten zu gehören – sie alle werden durch sektiererisches Denken ausgeschlossen. Theologisch ausgedrückt: Die auf Vertrauen ruhende Gewißheit, das personalganzheitliche Verhältnis zu Gott bzw. zum Grund der eigenen Existenz (certitudo) wird durch sektiererisches Denken zur scheinbaren Sicherheit (securitas), die man rational im Griff zu haben scheint.

Bei Menschen mit unsicherer Identität wird durch diese falsche Sicherheit die Urangst vor den Wechselfällen des Lebens, vor der Bedrohlichkeit der Welt und der Mitmenschen, vor der eigenen Verletzlichkeit verdrängt. Die unsichere Identität wird mit einem religiösen oder weltanschaulichen Korsett gestützt, um den Preis von Distanzverlust und Abhängigkeit. Um so schlimmer ist es, wenn unterdrückte Ängste wieder mächtig in das Leben einbrechen, sobald sich das Mitglied von der Gruppe zu lösen versucht. Noch schrecklicher ist es, wenn es gegen seinen Willen von der Gruppe ausgestoßen wird. Dann schlägt die totale Sicherheit in totale Verwirrung um, und die totale Zugehörigkeit wird zur völligen Verlassenheit.

Die Verhinderung aller Zweifel hat aber schon vorher negative Folgen. Zweifel sind nötig, damit unsere Weltsicht sich weiterentwickeln kann. Selbstzweifel sind ein Teil neuer Erfahrungen, von Wachstum und Veränderung. Angst und Unsicherheit sind nicht nur Defekte. Sie sind eine realistische Reaktion auf unsere Welt, wie sie ist, und auf uns selbst, wie wir nun einmal sind. Wer seine Sichtweise (oder die seiner Gemeinschaft) verabsolutiert, reißt eine Kluft zur Realität auf. Das gilt auch für den Glauben der Christen. Glaube und Zweifel sind Zwillingsgeschwister. Lebendiger, wachsender Glaube bringt immer Zweifel mit sich – zwar nicht stets dieselben Zweifel, das wäre eher als zwanghaft zu beurteilen. Aber auf jeder Ebene des Glaubenswachstums treten neue Zweifel auf. Den Zustand der völligen Gewißheit werden wir als Glaubende nicht erreichen, sondern erst als Schauende, in der Ewigkeit Gottes.

Aber Wachstumsverhinderung oder gar Regression, Verengung des Horizonts, Verlust an Weltoffenheit wirken sich langfristig aus. Die innerseelische Stabilisierung durch die Behebung aller Zweifel und durch die unfragliche Sicherung der Lebensziele wird dagegen sofort erfahren, oft sogar schlagartig und wie eine Erleuchtung. Viele Konvertiten berichten von erschütternden Aha-Erlebnissen, bei denen ihnen alles plötzlich klar und einfach erschien, was sie vorher verwirrt und beunruhigt hatte. Andere berichten von dem plötzlichen Gefühl, heimgekommen zu sein, die eigentliche Familie und die eigentliche Bestimmung erreicht zu haben. Besonders junge Menschen in Umbruchs- und Krisensituationen sind für solche Erlebnisse offen, und zwar gerade durch die seelische Stärke der Jugend. Das Weltbild ist noch nicht festgelegt, der Mut zu neuen

Schritten ist vorhanden. Aber die Lebenserfahrung und die Vorsicht des reiferen Alters fehlen. Innere und äußere Unsicherheit gehört zu den Merkmalen der Jugend. Das kann den Aha-Erlebnissen bei der Begegnung mit der neuen „Wahrheit" einen unrealistischen Stellenwert verleihen.

In Wirklichkeit erweist sich der Wert eines Bekehrungserlebnisses immer erst durch seine Folgen, niemals durch das Erlebnis selbst. Wenn die Konversion keinen Blick auf lebenswichtige Wahrheiten eröffnet, sondern den Blick einengt, wenn sie Wachstum nicht fördert, sondern verhindert, dann hatte sie keinen Wert in sich. Ein Bekehrungserlebnis sollte ein offenes Tor sein für den weiteren Lebensweg. Die Bekehrung zu einer radikalen Sekte gleicht eher der Tür zu einer Falle, so erschütternd und bewegend sie an sich auch sein mag.

Eine erste Antwort auf die Frage, warum jemand einer Extremgruppe beitritt, lautet also folgendermaßen: Die innerseelischen Vorteile, sofern es sie für den einzelnen gibt, zeigen sich sofort, die Nachteile erst später. Es entsteht zwar von Anfang an eine Kluft zwischen der geordneten Gedankenwelt des Sektierers auf der einen und der widerständigen Realität (samt der verdrängten Innenwelt) auf der anderen Seite. Aber diese Kluft läßt sich einige Zeit – vielleicht sogar auf Dauer – überspielen. Es gehört ja zum geschlossenen Denken der Sekten, daß alle Widerstände und alle Gegenargumente bereits in ihm verrechnet sind, daß es an einer Erklärung und einer Antwort nie fehlt.

Schwerer aufzufangen sind die Widersprüche zwischen dem idealen Bild, das die Gemeinschaft von sich selbst hat, und der Realität der Gruppe. Viele Erfahrungsberichte von Aussteigern betonen diesen Punkt: Zweifel wurden geweckt, weil das Verhalten der Hierarchie oder der Führungsfigur ganz und gar nicht so war, wie die reine Idee es wollte. Zweifel wurden geweckt, weil der Alltag ganz anders war als das ideale Bild des Anfangs; weil die Praxis die Versprechungen der Theorie nicht einlösen konnte. Die Untersuchungen der angelsächsischen Religionssoziologie sind daher durchaus glaubhaft, daß viele sektiererische Gruppen einen hohen „Durchsatz" an Mitgliedern haben. Zahlreiche Menschen werden neu geworben, von denen ein großer Teil die Gruppe wieder verläßt: nach Wochen, nach Monaten, nach ein bis drei Jahren. Erst wer länger bleibt, hat sich in der Gemeinschaft eingerichtet und ist als Dauermitglied zu betrachten.[28]

Andere sektiererische Attraktionen

Die Attraktivität einer Extremgruppe liegt nicht nur im garantierten Rechthaben des Anhängers und seiner Gemeinschaft. Sie ist ebenso auf der zwischenmenschlichen Ebene zu suchen. Die Gruppe präsentiert sich beim ersten Kennenlernen als eine soziale Einheit, deren Zusammenhalt und Gemeinschaftsgefühl von der Haltlosigkeit, der Öde und der Anonymität der Umwelt absticht. Das gilt in unserer Massengesellschaft mit ihren vielen Single-Existenzen und ihren vielen (oft nicht durch eigene Schuld) schlecht funktionierenden Kleinfamilien. Das Gemeinschaftserlebnis wirkt anziehend, wenn man in Beziehungsproblemen steckt, wenn die Welt der Gruppe scheinbar positiv von kaputten Beziehungen „draußen" absticht. Das gilt aber auch dann, wenn Menschen unter äußeren Druck geraten, wenn sie von Haß und Krieg bedroht sind, wenn sie politisch benachteiligt sind oder wenn wirtschaftliches Elend droht. Auch dann kann eine scheinbar heile Gemeinschaft, die im Besitz der Wahrheit ist, wie ein Zufluchtsort in dunkler Zeit wirken.

Perioden äußerer Unsicherheit sind aus diesem Grund auch Zeiten vermehrten Sektierertums. Die Sekte bietet sich als Ort der Gewißheit und der Zukunftssicherheit in Zeiten der Angst an. Aus demselben Grund entwickeln Randgruppen und benachteiligte Gruppen einer Gesellschaft häufig ihre eigene Sektenszene. Ein Beispiel sind die magisch-okkulten Gemeinschaften, die sich in Lateinamerika in der schwarzen (ehemals versklavten) Bevölkerung aus afrikanischen, christlichen und spiritistischen Elementen bildeten. Der karibische Voodoo-Kult ist nur eine dieser Neubildungen. Eine

---

[28] Eileen Barker: New Religious Movements.

Gemeinschaft, die magische Macht gegen die Ohnmacht und die Rechtlosigkeit des Sklavendaseins anzubieten hatte, konnte natürlich auf ihre Anhänger rechnen. Daß die Sektenführer die Sehnsüchte und Ängste der Benachteiligten nur zu oft skrupellos ausnutzten, steht auf einem anderen Blatt.

Auf der zwischenmenschlichen Ebene bildet also die Möglichkeit, äußere und innere Ängste zu kompensieren oder eine angeschlagene Identität zu stützen, den Schlüssel für die Attraktivität der Gemeinschaft. Sie kann auf äußere Umstände zurückgehen oder auf innerseelische Konfliktlagen: Die Sekte wirkt attraktiv während einer Entwicklungskrise in jungen Jahren, in einer Ehekrise, beim Tod eines nahen Menschen usw. Oder die Probleme sind Folge seelischer Belastungen, die einen Menschen lebenslang begleiten und schließlich auf der Flucht vor sich selbst in die Sekte führen. Aber gerade junge Menschen scheinen häufig im Zusammenhang mit einer (in diesem Alter üblichen) aktuellen Krise in eine radikale Gemeinschaft einzutreten, um sie zum Teil allerdings bald wieder zu verlassen.

Wenn man in eine Sekte eintritt, um innerseelische Konflikte zu überwinden, tauscht man allerdings in der Regel nur kurzfristige gegen langfristige Probleme aus. Die überstarke Identifikation mit der Gruppe geht auf Kosten der eigenen Persönlichkeit. Wird sie künstlich gestützt, kann sie sich nicht von innen heraus festigen. Es kommt zur Entfremdung von den eigenen Ideen, Wahrnehmungen und Gefühlen zugunsten der Gruppeneinflüsse, bis hin zu der Entfremdung vom eigenen Körper. Es ist zwar, wie gesagt, bis zu einem gewissen Grad normal, daß wir unsere eigenen Wahrnehmungen durch soziale Bestätigung überprüfen. Aber die Fähigkeit, auf andere zu hören, muß im Gleichgewicht stehen zur Fähigkeit, auf sich selbst zu hören. Die Aufmerksamkeit für die Signale aus der Gruppe darf die Aufmerksamkeit für die eigenen Ideen, Gefühle und Körpersignale nicht blockieren. Wenn die Gemeinschaft idealisiert wird, oder wenn ihre Leitfigur idealisiert wird, geht das Gleichgewicht von Selbstbewußtsein und Gemeinschaftsbewußtsein verloren. Die Gruppen-Identität drängt die persönliche Identität in den Hintergrund.

Es ist für die Seele gesünder, und es ist realistischer, die Gemeinschaft nicht zu idealisieren. Wer die Schwächen seines Milieus sieht, hat die Freiheit, auch einmal anders zu sein. Wenn in der eigenen Gemeinschaft nicht alles ideal ist, muß man sich nicht in allem nach ihr richten, und es hängt nicht alles an der Zugehörigkeit zu ihr. Auf Harmonie in allen Lebenslagen muß man dann allerdings verzichten, ebenso auf ein umfassendes Sendungsbewußtsein. Man muß aber nicht auf Verständnis und Liebe verzichten, im Gegenteil. Sie setzen eine eigene Identität voraus. Sie setzen voraus, daß es einen Abstand zwischen Ich und Du gibt, aus dem heraus das Ich sich dem Du freiwillig nähern kann. Vollkommene Liebe treibt die Furcht aus (1 Joh 4,18). Aber umgekehrt treibt auch die Furcht die Liebe aus. Aus Angst gesuchte Nähe ist nicht das, was die Bibel mit Liebe meint. Im zwischenmenschlichen Bereich wie im Bereich des Denkens schafft der Verzicht auf äußerliche Gewißheiten den Raum der Freiheit. Aber die Erfahrung zeigt, daß eine Freiheit, die Selbstbewußtsein voraussetzt, nicht für jeden Menschen in jeder Situation erreichbar oder auch nur wünschbar ist.

Viele Extremgruppen wissen (ob klar durchdacht oder nicht), daß ihr Missionserfolg davon abhängt, wie ihre Gemeinschaft bei den ersten Kontakten wirkt. Sie machen gezielte Anstrengungen, um den anzuwerbenden Menschen ein möglichst positives Gruppenerlebnis zu bieten. Bekannt geworden ist das „love bombing" der Munies und einiger anderer neuer religiöser Bewegungen. Dabei wird für die Neulinge eine Atmosphäre ständiger Zuwendung geschaffen, ständiger Bestätigung, ständigen Lobs und ständiger Freundlichkeit. Die gefühlsmäßige Nähe und das bedingungslose Annehmen untereinander werden betont, Kritik oder gar Streit werden abgeblockt. Es wird der Eindruck vermittelt, daß die Gruppe so etwas wie eine heile Gemeinschaft sei, in der das zum menschlichen Leben schmerzlich gehörige Leiden an sich selbst und an seinen Mitmenschen ein Ende haben werde. Die Gruppe lädt damit zur bedingungslosen Identifikation mit sich ein.

Zur Atmosphäre (angeblich) konfliktfreier Gemeinschaft trägt die Idealisierung der Gruppe durch die Lehre bei. Sie ist die „gerettete Familie", sie ist die Gemeinschaft derer, die verstehen, was niemand sonst versteht, sie ist der Ort des Lichts in einer dunklen Welt. Wenn man das glaubt – oder auch nur halb glaubt –, dann leuchtet ein, daß das Leben in dieser Gemeinschaft schöner und erfüllter sein muß als jedes andere Leben. Das ideale Bild von der Gruppe und das intensive Gemeinschaftserleben, die Nähe unter den Anhängern – sie passen zusammen. Dazu mag ein Bedürfnis nach Autorität kommen, ein unbewußter Wunsch nach der Geborgenheit nicht nur in der idealen Gemeinschaft, sondern unter der Schirmherrschaft eines idealen Meisters oder Übervaters. Ich glaube nicht, daß dieses Bedürfnis häufig im Vordergrund steht, so daß ich den Ödipuskomplex und ähnliche Theorien nicht überstrapazieren will, nach denen der Eintritt vor allem die Folge einer Vaterproblematik darstellt. Im Gegenteil, viele Berichte von „Ehemaligen" lesen sich eher so, als ob der Personenkult für sie zu Anfang ein Problem gewesen sei, das erst nach und nach durch die Abhängigkeit von der Gruppe überspielt wurde.

Der erste Anblick von L. Ron Hubbards Bild in einer Scientology-Mission sowie das Lesen des „Buchs Nr. 1" (Dianetik) scheint die Anfänger selten davon zu überzeugen, daß sie ein einmaliges Genie vor sich haben. In die Hubbard-Verehrung geraten sie erst später hinein. Von Otto Mühl wird mehrfach berichtet, daß er auf weibliche Besucher der AAO zuerst als ein (ich zitiere einen mündlichen Bericht) „schmutziger alter Mann" wirkte. Von den AAO-Anhängerinnen wurde er aber verehrt, und die meisten sehnten sich danach, in sein Bett zu kommen. Sie sahen nicht mehr die Realität eines ältlichen Lüstlings vor sich, sondern die Verkörperung ihrer idealisierten Gemeinschaft und den Fokus ihres Lebenssinns – eine Sichtweise, die von außen nicht nachzuvollziehen war. In aller Regel scheint also die Identifikation mit der Gemeinschaft vor dem Personenkult zu kommen, in dem sie dann allerdings gipfelt. Trotzdem gibt es für manche Menschen einen (kurzfristigen) seelischen Gewinn, wenn sie sich vor ihren Ängsten und Problemen unter den breiten Schatten einer „heiligen Hierarchie" oder eines „heiligen Meisters" flüchten können. Und es mag Menschen geben, bei denen dieses Bedürfnis die Hauptrolle spielt.

Auch für das sektiererische Gemeinschaftsleben gilt also, was zum sektiererischen Denken gesagt wurde: Die Vorzüge wirken sich sofort aus, die Nachteile langfristig. Der Nachteil der engen Gruppenbindung ist ein Verlust an Freiheit für das Individuum. Dazu kommt, daß die Idealisierung der eigenen Gemeinschaft zu einer Dämonisierung der Außenwelt führt. All die negativen Gefühle, all die Müdigkeit, die Ängste und die Sorgen, denen das Mitglied nicht entgeht, können nicht der idealen Gemeinschaft und ihren Anforderungen zugeschrieben werden. Man muß die Ursachen bei sich selbst suchen und sich immer mehr antreiben, ein würdiges Mitglied der „geretteten Familie" zu werden. Dieser Mechanismus wird von vielen Gruppen ausgenutzt, um mehr Engagement aus den Anhängern herauszuholen. Die andere Möglichkeit ist, die Ursachen aller Übel bei äußeren Feinden zu suchen – seien es geistige Mächte, Dämonen und Teufel, seien es Kritiker, Polizei, Gerichte usw. Wenn eine Gruppe die Selbstidealisierung zu weit treibt, wird die Projektion negativer Befindlichkeit nach außen unvermeidlich. Das Feindbild ist die notwendige Folge sektiererischen Gemeinschaftslebens, und mit dem Feindbild die Angst. Für die Verdrängung der Konflikte und Aggressionen in der Gruppe bezahlt sie mit Ängsten und Aggressionen nach außen hin, oder besser: Die Anhänger bezahlen den Preis in ihrer eigenen Seele.

Personenkult und Abhängigkeit

Die Identifikation mit der Gemeinschaft führt direkt in die Identifikation mit einer Zentralgestalt, in den Personenkult. Die Abhängigkeit von der Gemeinschaft und die Abhängigkeit vom verehrten Meister sind zwei Seiten einer Medaille, denn im Bewußtsein des Anhängers steht der Meister für die Gemeinschaft und die Gemeinschaft für den Meister. Besonders bei älteren Gruppen kann eine Hierarchie den Platz des „heiligen Meisters" einnehmen. Häufig kommt es im Zug von Nachfolgeregelungen dazu, wie bei den Zeugen Jehovas, bei Scientology usw. An der Abhängigkeit des Anhängers ändert das nur wenig; Gemeinschaftskult und Personenkult sind austauschbar. Aber gibt es den Personenkult und einen

Kult der eigenen Gruppe nicht überall? Dieser Einwand wird häufig von Sympathisanten erhoben, die selbst am Personenkult nicht teilnehmen und die ihn deshalb herunterspielen wollen.

Als Bundeskanzler Helmut Kohl, mit der Aura eines starken Mannes umgeben und mit der Gestik eines Triumphators ausgestattet, in Hamburg beim Bundesparteitag der CDU auftrat, um das Wahljahr 1994 vorzubereiten, mögen sich manche Sektenkenner an Reverend Mun oder Sri Chinmoy erinnert haben. Die Assoziation, hätte es sie gegeben, wäre aber weitgehend falsch gewesen. Helmut Kohl wurde auf dem Parteitag zwar als Personifizierung der CDU-Ziele aufgebaut, Sachthemen wurden zugunsten der Person Kohl zurückgestellt. Insofern gab es Ähnlichkeiten zu den Ritualen, in denen sich ein sektiererischer Personenkult ausdrückt.

Aber bei der Personifizierung politischer Ziele und der Konzentration der Macht in der Partei handelt es sich nicht nur um die Idealisierung einer Person, sondern auch um einen Vorgang pragmatischer, gegenseitiger Ausnutzung. Man braucht eine Leitfigur für den Wahlkampf und für die Geschlossenheit der Partei. Ihr Auftritt ist vor allem für die Öffentlichkeit bestimmt, sie soll in erster Linie nach außen wirken. Einen Politiker als Symbol für die Sache der Partei aufzubauen, macht ihn zwar in gewissem Sinn zur Überperson – auch bei den Delegierten der CDU. Dem Politiker, der diese Rolle ausfüllt, fällt große persönliche Macht zu. Solange die Partei Erfolg hat, hat er das Sagen. Aber das kann sich schnell ändern, wenn der Erfolg ausbleibt. Dann kommt die praktische Seite des Arrangements zum Vorschein, und die Leitfigur wird ausgewechselt.

Äußere Abhängigkeiten vom Parteichef, was Karriere, Einfluß und Geld angeht, gibt es genug. In der Regel wird nur jemand Parteivorsitzender, der damit geschickt zu jonglieren versteht. Innere Abhängigkeiten wie in einer Sekte entstehen dadurch aber in der Regel nicht. Wie wenig viele Funktionäre, Abgeordnete und Lokalfürsten einer Partei innerlich vom Parteichef abhängig sind, wie wenig sie sich mit ihm identifizieren, wie sehr sie (im besten Fall) die Interessen der Partei und des Staates und (im schlechtesten Fall) ihren persönlichen Vorteil im Auge haben, zeigt sich, sobald der Erfolg fehlt und die Zentralgestalt ihre Macht verliert. Politischer Personenkult ist nicht gleich sektiererischem Personenkult, obwohl die Grenzen fließend sind. Jede Partei und jede andere Gesinnungsgemeinschaft hat ein Versektungspotential, das aber in der Regel durch andere Interessen und Motive in Schranken gehalten wird.

Der sektiererische Personenkult greift tief ins Innenleben des Menschen ein, er ist weit mehr als ein pragmatisches Arrangement zwischen Führung und Anhängerschaft. Die eigentliche Bühne des Personenkults ist nicht die Öffentlichkeit. Bei vielen Gruppen wird der Personenkult nach außen hin geleugnet und versteckt. Die Bühne des Personenkults ist die Seele des Anhängers und der Anhängerin. Auf dieser Bühne haben die Lichtgestalten der Prophetin, des „besten Therapeuten der Welt", des göttlichen Meisters, des „treuen Knechtes" oder des weisen Übermenschen ihren Auftritt, dort treiben sie ihr faszinierendes Spiel. Lebenssinn und Lebensgewißheit verkörpern sich in diesen inneren Gestalten. In der Bindung an sie wird – so hoffen und fühlen die Anhänger – ihre quälende Daseinsohnmacht grundsätzlich aufgehoben. Sie verkörpern die Macht über das eigene Leben, die der Anhänger – wie alle Menschen – von sich aus nicht hat und nicht haben kann. Sie verkörpern Zukunftgewißheit, Trittsicherheit auf dem Lebensweg und Zielsicherheit an seinem Ende. Sie verkörpern eine religiöse Hoffnung selbst dann, wenn sie sich in säkulare Verheißungen hüllen.

Die sektiererische Hoffnung bindet die höchsten Ziele des Lebens an eine konkrete Organisation und deren konkrete Leitfiguren. Was immer in Lehre und Praxis einer Gruppe als zentral gelten mag – der Sektierer glaubt im tiefsten Sinn nicht daran, sondern an die Gemeinschaft und ihre Führung. Welche Gottheit oder Macht bei den religiösen Sekten verehrt werden mag – der Anhänger glaubt weniger an sie als an die Gemeinschaft und ihre Führung. Betrachtet man die Zeugen Jehovas mit den Augen des Theologen, glauben sie an eine abseitige Sonderform der christlichen Botschaft. Betrachtet man die Sehnsüchte, Hoffnungen und Ängste des einzelnen Zeugen, glaubt er an die Wachtturm-Gesellschaft. Wenn es – wie Martin Luther sagt – das Sehnen und Trachten des Herzens ist, das beides macht, Gott und Abgott, dann macht der Glaube des Sektierers seine Gemeinschaft und deren Führung zum Abgott.

Man könnte es anders sagen: Die Gottheit und die soziale Organisation fallen für den Sektierer in eins. „Sichtbare Organisation Gottes" nennen die Zeugen ihre Wachtturm-Gesellschaft, ohne zu ahnen, daß sie sich damit das Siegel des Sektierertums selbst aufdrücken. Als „die Prophetin Gottes" und als „Sprachrohr des Christus Gottes" läßt sich eine Frau aus Würzburg von ihren Anhängern feiern. Diese merken nicht, daß sie durch den Personenkult selbst das verlieren, was sie der Gabriele Wittek zuschreiben – den unmittelbaren Zugang zu Gott. Im Personen- und Organisationskult zeigt sich unübersehbar die religiöse (oder, im Fall der Psychokulte und Politsekten, säkularreligiöse) Bindung des einzelnen. Die Anhänger glauben an ihre konkrete Gemeinschaft und an ihre sichtbare, per Telefon erreichbare und per Brief befragbare Führung im tiefen, religiösen Sinn. Und die Konversion zu einer Sekte bedeutet, diesen Glauben an die konkrete Organisation und an den konkreten Meister anzunehmen, oder diesem Glauben zu verfallen.

Universelles Leben e. V. Pressemitteilung vom 25. 2. 1994:
Beinahe wäre es bereits gestern zu einer ersten Begegnung zwischen Vertretern der evangelischen Kirche und Frau Gabriele Wittek, dem Sprachrohr des Christus Gottes im Universellen Leben, gekommen, die sich ursprünglich bereit erklärt hatte, zu einer Veranstaltung des Sektenbeauftragten B... in Schweinfurt zu erscheinen. Als sie allerdings erfuhr, daß dieser nicht in einem neutralen Versammlungsraum, sondern in der „Christus-Kirche" sprechen wollte, nahm sie von ihrer ursprünglichen Absicht wieder Abstand. Die Prophetin Gottes betritt keine Kirche, die den Namen ihres Herrn trägt und zugleich den äußeren Rahmen für Verleumdungen seiner Nachfolger abgeben soll ...

Auf der einen Seite wird die Heiligkeit und Einmaligkeit der Gemeinschaft durch die Heiligkeit und Einmaligkeit der Führung garantiert. Auf der anderen Seite muß die Gruppe selbst aus der Sicht der Anhänger Merkmale der Heiligkeit und Einmaligkeit tragen. Das heißt praktisch, daß sie sich markant von der Umwelt unterscheiden muß. Es muß Unterschiede geben, die von den Mitgliedern in Richtung ihres Gemeinschafts- und Personenkults interpretierbar sind. Die Geschlossenheit und Exklusivität der Gemeinschaft wird dem Anhänger also nicht nur durch Gruppendruck aufgezwungen. Sie wird ihm selbst zum Bedürfnis, solange er an die Gruppe glaubt.

Es könnte sein, daß in manchen Gemeinschaften nicht in erster Linie Sonderlehren zur Abgrenzung von der Umwelt führen, sondern daß Abgrenzungsbedürfnisse zu Sonderlehren führen. Das wird deutlich bei Gruppen, die im Vergleich zu ihrem Milieu nur über einen dünnen Sonderbestand an Lehre und Praxis verfügen. Ein Beispiel ist die im letzten Kapitel erwähnte Schaffranek-Gruppe, die sich vom breiten Strom des protestantischen Fundamentalismus nur durch gewisse Radikalisierungen unterscheidet. Im Gespräch mit Anhängern hat man den Eindruck, daß theologische Extreme geradezu gesucht werden, um die radikale Praxis zu rechtfertigen. Steile Formulierungen werden geschmiedet, weil der eigene Einsatz sonst (im Vergleich zu anderen, missionarisch aktiven Gruppen) nichts Besonderes mehr an sich hätte. Eine solche Gruppe würde sich durch Entsektung auflösen. Für eine eigene Schule oder Bewegung reicht die inhaltliche Substanz nicht aus.

Nochmals: Die Abhängigkeit des Anhängers von seiner Gemeinschaft, seine von außen krampfhaft und unfrei wirkende Bindung, beruht auf dem Glauben an die Sekte. Seelische Abhängigkeit entsteht aber durch unerträgliche Verlustängste. Sie ist ihrem Wesen nach verinnerlichte, zur persönlichen Haltung erstarrte und in Verhaltensgewohnheiten verfestigte Verlustangst. Ein seelisch abhängiger Mensch hält um jeden Preis an den Beziehungen fest, die ihm „alles" bedeuten. In diesem Sinn wird das Wort auch außerhalb des Sektenzusammenhangs benutzt. Wenn seelisch belastete Eltern ihre heranwachsenden Kinder in der früheren Bindung festhalten wollen, weil sie die natürliche Distanzierung der Jugendzeit nicht ertragen, so schaffen sie – selbst abhängig – seelische Abhängigkeiten bei den jungen Menschen.

Bevor man von einer Gruppe abhängig werden kann, muß die Gemeinschaft und ihre Führung zu dem geworden sein, was einem

„alles" bedeutet. Bei einem Kind in einer krankhaften Familienatmosphäre stehen die Eltern von Natur aus für Halt und Sicherheit und bedeuten ihm in diesem Sinn alles. Bei einem Jugendlichen oder Erwachsenen, der zum Sektierer wird, bedeutet die Gemeinschaft dann alles, wenn sie zur Verkörperung des Göttlichen oder des Heils wird, und wenn ihr Verlust folglich im eigenen Leben nur Irrtum, Dunkelheit und Unheil übrig lassen würde. Der Glaube an die Gruppe bzw. an die Führungsgestalt ist also die erste Voraussetzung dafür, daß seelische Abhängigkeit entsteht. Die zweite Voraussetzung ist, daß Verlustängste vermittelt oder geschürt werden. „Um dazu zu gehören, mußt du so sein oder dies tun. Wer anders ist oder anderes tut, gehört nicht dazu."

Die Angst, vom Insider zum Außenseiter zu werden, wird durch die Geschlossenheit der Gruppe, durch die Idealisierung der Innen- und die Dämonisierung der Außenwelt sowie durch das ideologische Denken in der Regel von selbst erzeugt. Nicht selten kommt dazu die totalitäre Machtausübung der Führung, die Ängste vor dem Ausschluß weckt und gezielt benutzt. Daher ist die seelische Abhängigkeit im vollen Sinn in aller Regel nicht das Ergebnis einiger Stunden oder Tage, schon gar nicht das Ergebnis einer ersten Faszination mit der Gruppe und ihrem Anliegen. Abhängigkeit ist das Resultat des Hineinlebens in die Gemeinschaft, der Akkulturation. Sehr viele Menschen, die Kontakt mit einer Gruppe haben und anfangs fasziniert sind, springen wieder ab, weil ihnen das Hineinleben mehr abverlangt, als sie geben wollen oder können.

Im übrigen wird es oft so sein, daß seelische Dispositionen den Einstieg vorbereiten. Sie können aus der Vergangenheit stammen: Man geht leichter mit Abhängigkeiten um, wenn man sie schon erlebt (oder erlitten), aber nicht verarbeitet hat. Wer wenig Selbstbewußtsein hat, wird für äußerliche Gewißheiten empfänglich sein. Allerdings greifen die Theorien zu kurz, die im sektiererischen Engagement eines Menschen lediglich das Ausleben früherer Muster in neuem Kontext sehen, die im tiefenpschologischen Sinn jede Konversion mit Wiederholungszwängen erklären. Viele Menschen geraten in Extremgruppen, deren Beziehungsfähigkeit mit Abhängigkeiten und Ängsten nicht mehr belastet ist als beim Durchschnitt der Bevölkerung. Die psychologischen Faktoren beim Eintritt sind zu vielfältig für Einfachtheorien. Außerdem haben die Gruppen ihrerseits Tricks auf Lager, um Menschen an sich zu binden. Auch diese Praktiken lassen sich psychologisch aufschlüsseln (s.u.). Aber ohne die religiöse Dimension des Glaubens an konkrete Menschen und Organisationen läßt sich Sektierertum nicht deuten. Ich werde darauf in Kapitel VI zurückkommen.

Bewußtseinskontrolle und Akkulturation

Die Attraktivität des Sektierertums ist verstehbar: der Vorteil des garantierten Rechthabens, die Geborgenheit in der perfekten Gemeinschaft, die Sehnsucht nach dem Schutz einer heiligen Autorität, ein religiöses Bedürfnis nach dem sichtbaren, verfügbaren Gott und Heil. Es sei wiederholt, daß die Anziehungskraft nicht in den religiösen oder ideologischen Anliegen der Gruppen allein liegt. Um „ernster Bibelforscher" zu sein, muß man nicht Zeuge Jehovas werden. Um magische Okkult-Techniken für seine Manager-Karriere einzusetzen, muß man nicht Scientologe werden. Ein Mensch wird zum Sektierer, weil er dazu kommt bzw. dazu gebracht wird, seine religiösen oder ideologischen Ziele im Glauben und in der Bindung an eine exklusive Gemeinschaft zu verfolgen. Nicht in den Zielen selbst, auch nicht in der Lehre und Praxis als solcher verkörpert sich das Sektierertum. Das Sektierertum verkörpert sich im geschlossenen Denken, im Personenkult und in der Abhängigkeit von der Gemeinschaft, die an die Stelle Gottes tritt oder angeblich Wahrheit, Heil und Recht in Exklusivbesitz hat.

Das bedeutet zweierlei: Zum ersten sind es nicht die oberflächlichsten, egoistischsten und dümmsten Menschen, die zum Sektierertum neigen. Man muß religiöse, politische oder moralische Anliegen haben, bevor man in eine radikale Gemeinschaft geraten kann, die diese verfolgt (oder zu verfolgen vorgibt). Man muß begabt sein, bevor man seine Gaben in die Gemeinschaft einbringen kann. Es gibt einen Zustand, der den Mindestanforderungen für eine sektiererische Laufbahn nicht genügt, wo die Substanz nicht reicht für das

Engagement, die Selbstlosigkeit und die Leidenschaft des Sektierers. Das macht, nebenbei gesagt, das Übel nicht kleiner, sondern größer. Sektierertum bedeutet Verschwendung von wertvollen Eigenschaften und wertvollen Personen, es bedeutet die Fehlleitung von gutem Willen und die Fehlentwicklung guter Gaben. Dem zu wehren, ist mehr als gerechtfertigt – allerdings nicht nur bei anderen, sondern auch in der eigenen Gemeinschaft und im eigenen Herzen.

Zum zweiten gibt es so etwas wie eine seelische Disposition für das Sektierertum, auch wenn psychologische Einfachmodelle nicht zutreffen. Garantiertes Rechthaben, Geborgenheit in der Gemeinschaft usw. sind zwar für alle Menschen attraktiv, aber nicht für alle in dem Maß, daß sie sich deshalb auf die Bindung an eine Extremgruppe einlassen würden. Zumindest einige Nachteile sind ja schnell sichtbar. Worin diese Disposition besteht, muß hier offen bleiben. Die Feststellung mag genügen, daß die Anfälligkeit für die Sektenlaufbahn mit Ängsten, mit innerer Unsicherheit, mit Entfremdung von der Umwelt und vom eigenen Selbst, mit Defiziten in der Lebensbewältigung zusammenhängen. Der für die Extreme disponierende Zustand kann kurzfristig, situativ, durch die momentane Lage eines Menschen eintreten. Er kann auch mehr oder weniger konstitutionell (chronifiziert) vorliegen. Nur im letzteren Fall kann man von einer seelischen Belastung sprechen, die für extreme Gruppen anfällig macht.

Die bisherigen Erklärungen setzen allerdings voraus, daß der Mensch, der sich an eine Extremgruppe bindet, seine normalen geistigen und sozialen Fähigkeiten zur Verfügung hat. Diese Fähigkeiten mögen durch aktuelle Krisen beeinträchtigt sein, sie mögen durch seelische Belastungen eingeschränkt sein, aber die Konversion selbst macht nach der bisherigen Darstellung dabei keinen Unterschied. Nun gibt es Theorien, die das bestreiten. Nach ihnen kommt es zur Konversion im Zustand verminderter Rationalität, verminderter Urteilsfähigkeit und verminderter sozialer Kompetenz. Die Theorien gehen davon aus, daß die Konversion unattraktiv wäre, hätte der Konvertit seine fünf Sinne beisammen und alle seine Fähigkeiten zur Verfügung. Für sie steht daher nicht die

zusammen. Dort werden die unvermeidlichen, schweren Konflikte ausgetragen. Dies führt sehr wohl zu einer erkennbaren „Sekten-mentalität" nicht nur bei der Gruppe, sondern auch beim einzelnen Mitglied. Aber die Sektenmentalität wird bei dem Mitglied keines-wegs immer und in allen Situationen sichtbar, sondern dann, wenn ein Konflikt für ihn virulent wird.

Was ist Psychomutation?

Die Tricks und Psychotechniken legen keine Hebel im Gehirn um und erzeugen kein „Programm", das man durch „Deprogrammie-ren" löschen könnte. Sie haben einen anderen Sinn: Durch Lügen, Tricks, Psychotechniken, Gruppentechniken usw. versucht die Gruppe, die Gegentendenzen zu neutralisieren, die sich während der Konversion oder danach unweigerlich zeigen. Sie will Vorbe-halte nicht offen angehen und durch Überzeugungsarbeit überwin-den, sie will Vorbehalte unterlaufen. Die Akkulturation soll voran-getrieben und das Hineinleben in die Gemeinschaft gefördert wer-den, ohne daß Raum zur Reflexion, zum Gespräch mit Außenste-henden und zum Hören auf die eigenen Impulse bleibt. Die Faszi-nation, die Attraktion der Gruppe und die Zweifel, Ängste, Vorbe-halte stehen beim neuen Anhänger immer in Spannung zueinander. Radikale Gruppen versuchen nicht selten mit allen Mitteln, Zweifel und Gegentendenzen manipulativ auszuschalten.

Wenn sich eine Gemeinschaft mit Vorbehalten und Ängsten nicht ehrlich auseinandersetzt, sondern zu Tricks und Gruppendruck Zuflucht nimmt, kann man (in diesem Sinn) sehr wohl von „Be-wußtseinskontrolle" sprechen. Man sollte jedoch bedenken, daß es sich nicht immer um gezielte Manipulation handelt. Scientologen können die Zweifel eines Konvertiten an der Hubbard-Lehre nicht redlich behandeln, ehrliche, kritische Fragen sind in ihrer Sciento-logen-Welt nicht möglich. Sie müssen solche Fragen abblocken und unterdrücken, beim Konvertiten wie bei sich selbst. Zum Teil be-steht die „Bewußtseinskontrolle" also einfach im Einfluß der ge-schlossenen Gruppenwelt auf die neuen Mitglieder. Zum Teil handelt es sich wirklich um gezielt eingesetzte Techniken, um Zweifel zu überwinden, Ängste vor dem Austritt zu schüren usw.

Obwohl die Kritik an Tricks und Kontrollmechanismen in vielen Fällen berechtigt ist, dürfen die „Jugendsekten", die Psychokulte und Politsekten nicht über einen Kamm geschoren werden. Weder manipulieren alle Gruppen die Konvertiten in gleicher Weise, noch beuten alle ihre Mitglieder gleichermaßen aus, noch sind die Verhältnisse in klassischen Sekten immer besser (s. Zeugen Jehovas), noch sind die großen Religionen von solchen Mißständen frei. Es sei wiederholt: Das zentrale Übel, mit dem wir es im Sektierertum zu tun haben, sind die unrealistischen Denkweisen, der Personenkult, die totalitären Machtstrukturen, die Verletzung der Menschenwürde usw. Das zentrale Übel liegt nicht in der Art und Weise, wie man in den Sumpf hineingerät, sondern in den Eigenschaften des Sumpfes selbst.

Nach Steven Hassan liegt der Schaden für die Psyche des Sektenmitglieds darin, daß durch „Bewußtseinskontrolle" ein Sekten-Ich entsteht, von dem das authentische Ich verdrängt (aber nicht ausgelöscht) wird. Er stützt sich dabei auf Erfahrungen, die man im Kontakt mit Anhängern immer wieder macht: Man unterhält sich locker und freundlich mit einer jungen Frau, die zu den Munies gehört. Sie äußert durchaus normale Ansichten über die Bekömmlichkeit von H-Milch für Kleinkinder oder über die Wetteraussichten. Dann wird ein Thema berührt, das „Mun-relevant" ist. Auf einen Schlag verändern sich Mimik, Stimme und Redeweise der jungen Frau. Sie wird verkrampft, laut und unansprechbar. Man hat das Gefühl, eine Schallplatte läuft ab, die nicht mehr zu stoppen ist. Steven Hassan meint, daß jetzt das Sekten-Ich die Oberhand über das authentische Ich gewonnen hat.

Durch ihre starke Identifikation mit der Vereinigungskirche, durch ihren „Organisationsglauben", gerät die junge Frau in dieser Situation in einen inneren Konflikt: Sobald durch den Außenseiter ihre „Gruppenidentität" in Frage gestellt wird, muß sie passiv oder aktiv verteidigt werden. Dazu genügt es unter Umständen, wenn der Gesprächspartner das Feindbild der Gruppe nicht hinreichend schlimm findet, wenn er gelassen bleibt, wo die Gruppe sich erregt.

Die Mun-Anhängerin könnte zwar auch abblocken und schweigen. Das geschieht häufig. Viele Eltern, Freunde und Partner halten die Kommunikation mit einem Anhänger durch Ausklammern von sensiblen Themen aufrecht. Aber wenn die junge Frau sich überhaupt äußert, dann wird sie agieren, wie wenn in ihr die Gruppe der feindlichen Außenwelt gegenüberträte. Es spricht dann in der Tat ein Sekten-Ich, nämlich das von ihr verinnerlichte Gruppenbewußtsein der Vereinigungskirche.

Der Konflikt, der dabei sichtbar wird, ist überwiegend ein innerer Konflikt des Sektenanhängers. Hier hat Hassan im Prinzip recht. Zwar teilt der Gesprächspartner in unserem Beispiel die Position der jungen Mun-Anhängerin nicht, aber er greift sie auch nicht an. Er gäbe eigentlich keinen Anlaß, ihn mit Mun-Propaganda zu überfallen. Die junge Frau bestätigt dadurch zuerst einmal sich selbst, sie bestätigt ihre Gruppenzugehörigkeit und Gruppenidentität gegen eigene Ängste und Zweifel. Den Gesprächspartner sieht sie nicht mehr als Person, sie sieht nur noch den Typus des Außenseiters oder gar des Feindes. Die Verkrampftheit, die Aggressivität, die eingeschränkte Wahrnehmungsfähigkeit sind Folgen ihres inneren Konflikts. (Noch ausgeprägter sind die Konfliktreaktionen dann, wenn die Gruppenidentität wirklich angegriffen wird, zum Beispiel von besorgten Angehörigen.)

Natürlich erfordert jeder Eintritt in ein neues soziales Milieu, von der Schule ins Studium, von einer Firma in die andere, eine Umorientierung der Ideen und Werte. Aber die Spannung zwischen „alt" und „neu" läßt sich in der Regel nach und nach verarbeiten, eine positive Entwicklung der Persönlichkeit kann die Folge sein. Die meisten sozialen Milieus lassen mehr individuelle Unterschiede zu als eine radikale Gruppe, so daß der Konformitätsdruck geringer ist. Dann ist der Schritt selten so groß wie der von dem „alten System" der Welt in das „neue System Gottes" (Zeugen Jehovas). Schule und Studium haben einiges gemeinsam, und Baufirma A ist nicht grundsätzlich anders als Baufirma B.

Die Konversion zu einer typischen „neuen religiösen Bewegung", zu einer Polit- oder Psychosekte bedeutet dagegen Akkulturation in eine radikale soziale Gegenwelt hinein. Dadurch entstehen so heftige innerpsychische Spannungen, daß eine allmähliche Verarbeitung, ein Nachdenken, Lernen und Entwickeln, nicht möglich ist und von der Gruppe meist auch nicht gewünscht wird. Die alten Orientierungen, Werte und Ideen müssen negiert, verdrängt und verboten werden. Sie bleiben deshalb unbearbeitet und unintegriert als pauschal negativ bewertete, „alte" Denk- und Verhaltensmuster bestehen, zumindest für eine lange Zeit. Man kann durchaus von einer latent vorhandenen früheren Identität und einer neuen „Sektenidentität" sprechen, die sich bis zu einem gewissen Grad ausschließen.

Der rasante Übergang von der alten zur neuen Identität verursacht persönliche und soziale Konflikte auf allen Ebenen, vom Intimbereich bis zum Beruf. Besonders nahe Angehörige sind den Konfliktreaktionen, wie sie oben an einem milden Beispiel beschrieben wurden, massiv ausgesetzt. Von ihnen wird daher eine unvermittelte Wandlung der Persönlichkeit wahrgenommen, die als „Psychomutation" beschrieben wird.[29] Tragisch dabei ist, daß die Kommunikation mit Menschen außerhalb der Gruppe, vor allem mit den Angehörigen, für das Mitglied im Lauf seines Hineinlebens in die neue Umwelt immer unangenehmer wird. Sie rufen die Konflikte durch ihre bloße Gegenwart wach, sie helfen nicht beim Verdrängen und Negieren der früheren Ideen, Werte und Bindungen, im Gegenteil. Der neue Glaube an die heilige Gemeinschaft, an den großen Meister oder an das in der Gruppe verkörperte absolute Gute wird von ihnen ständig in Frage gestellt. Während der Akkulturationsphase bekommen also gerade die Angehörigen die schlechteste Seite des Konvertiten zu sehen. In der neuen Gemeinschaft wird der Glaube dagegen gestärkt, bei der Negierung des bisherigen wird geholfen. Dort kann der Konvertit sich entspannen und seine noch unzulänglich verdrängten Konflikte vergessen.

Das Hineinleben in die Gemeinschaft entwickelt also seine eigene

[29] Friedrich W. Haack: Jugendreligionen – Ursachen – Trends – Reaktionen; ders.: Die neuen Jugendreligionen, München; ders.: Die neuen Jugendreligionen Teil 2; ders.: Jugendreligionen – zwischen Scheinwelt, Ideologie und Kommerz. (vgl. Anm. 20).

Dynamik, die eine schnelle Umgestaltung der Lebensorientierung und der bisherigen Beziehungen bewirkt. Langsam, allmählich, kann die Hinwendung zu einer radikalen Gruppe meist nicht ablaufen, das lassen die äußeren und die seelischen Konflikte nicht zu. Sie drängen auf eine Entscheidung: Entweder schnell wieder (um eine nützliche Erfahrung reicher) zurück in die Welt außerhalb der Gruppe oder tief hinein und schnell das ganze Leben ändern. Das Glauben und Leben in Sektenstrukturen vereinnahmt oder stößt ab. Einen Mittelweg distanzierten Abwartens, ein Abwägen und Abtasten gibt es in aller Regel nicht. Ebenso schnell und kraß geht es zu, wenn der Weg aus der Gruppe heraus führt. Auch hier gibt es selten Zeit und Raum zum Zögern und Zweifeln. Die Gemeinschaft kann diejenigen, die sie nicht mehr verehren, nicht mehr dulden. In der Seele des Anhängers können die Heiligen von gestern nicht einfach zu normalen Mitmenschen werden. Gestürzte Götter werden nur zu oft zu Dämonen, gefallene Engel werden zu Teufeln. Die sektiererische Abhängigkeit hinterläßt daher tiefe Wunden, die ohne Hilfe oft nicht heilen können. Doch dieses Thema zu behandeln, würde ein eigenes Buch erfordern.[30]

---

[30] Eine Übersicht in zahlreichen Einzelartikeln bietet Michael D. Langone (ed.): Recovery from Cults. New York/London 1993.

VI. Sektiererischer Geist und christlicher Glaube

Ideologien, die sich am Menschen ausgetobt haben, verlassen ihn, wie ein böser Traum den Erwachenden verläßt. Die Erinnerung an sie ist bitter. Der Mensch ist durch sie nicht reifer, nicht stärker, nur ärmer, nur mißtrauischer geworden. (Dietrich Bonhoeffer, zitiert nach E. Bethge, München 1967 S. 808)

Die Sekten als Anfrage

Im abschließenden Kapitel soll das Denken und Glauben extremer Gruppen aus der Sicht christlichen Glaubens betrachtet werden. Es geht dabei nicht um Sektenkunde, auch nicht um Irrtümer der Extremgruppen aus christlicher Sicht. Es geht zum Beispiel nicht darum, ob das Menschenbild der Scientologen für Christen akzeptabel ist. Die Ablehnung des scientologischen Menschenbildes ergibt sich zwar aus dem biblischen Menschenbild. Aber die Begründung würde eine genaue Beschäftigung mit dem scientologischen Denken erfordern. Ein anderes Beispiel: Wenn die Evangelische Kirche in Bayern und die Diözese Würzburg die Offenbarungen der Gabriele Wittek ablehnen, müssen sie dies theologisch begründen – nicht gerade am Einzelfall Wittek, aber doch in der Auseinandersetzung mit dem Phänomen des Neuoffenbarertums.

Die Auseinandersetzung mit Sektenideen aus christlicher Sicht kann hier nicht geleistet werden, schon deshalb nicht, weil sie nicht pauschal erfolgen darf. Aber die psychologischen und sozialen Merkmale des Sektierertums stellen eine Anfrage an jede religiöse und weltanschauliche Gemeinschaft dar, auch an die Christen und an die christlichen Kirchen. Diese Merkmale wurden in den Kapiteln IV und V beschrieben. Sie stellen uns vor die Frage nach der eigenen Versuchung zur Sektiererei und nach dem christlichen

Heilmittel gegen sie. Wie unterscheiden wir uns als Christen von den Sektierern, den Ideologen und Eiferern? Wie sollten wir uns unterscheiden, tun es aber vielleicht nicht? Läßt sich die Hoffnung der Sektierer von der christlichen Hoffnung unterscheiden? Wie unterscheidet sich eine christliche Gemeinde, wie eine Kirche von den Sekten und Psychokulten? Wie sollte sie sich unterscheiden?

Wir wollen uns dazu an den bisherigen Befund erinnern:

– Sekten und Extremgruppen entstehen, wo die Überzeugungen oder Praktiken einer Gemeinschaft, die sich in der Minderheit befindet, für eine Mehrheit nicht akzeptabel sind, und wo diese Gemeinschaft umgekehrt Leben und Denken der Mehrheit ablehnt. Nur wo die Abgrenzung gegenseitig geschieht, können sich sektiererische Gruppenstrukturen und Denkweisen bilden. Manchmal wird die Abgrenzung von der Gruppe provoziert, manchmal von der Umwelt, oft von beiden. Die Abgrenzung kann religiös-weltanschaulicher, aber auch moralischer oder politischer Art sein.

– Sekten und Extremgruppen benötigen Ansatzpunkte in ihrer Umwelt, ihre Überzeugung attraktiv darzustellen. Häufig stellen sie „versektete" Sonderformen von Strömungen oder Bewegungen dar, die in der jeweiligen Kultur wirksam sind oder waren. In vielen Fällen kann sich die Gruppe in einem „sympathisierenden Milieu" bewegen, das ihre Anliegen teilt.

– Sekten und Extremgruppen leben im Widerspruch zu ihrer Umgebung, sind ihr dadurch aber verbunden. Die klassischen Sekten schöpfen überwiegend aus der christlichen Tradition. Die „neuen religiösen Bewegungen" setzen der pluralistischen, postchristlichen Kultur außerchristliche Religionen bzw. Religionsmischungen entgegen. Die Psycho- und Politgruppen schöpfen aus säkularen Ideologien bzw. säkularreligiösen Utopien.

– Sekten und Extremgruppen erheben einen exklusiven Anspruch auf die Wahrheit über Mensch und Welt, auf die Vermittlung oder Erzeugung des Heils für Mensch und Welt und auf den praktischen Weg zur Wahrheit und zum Heil. Wahrheit, Heil und rechtes Tun verkörpern sich für die Anhänger in der Gemeinschaft, in ihrer Führungsgestalt oder ihrer Hierarchie. Die Anhänger glauben eher an ihre Gemeinschaft und deren Führung als an die Gottheit oder die gute Sache, um die es der Gruppe geht.

– Die sektiererische Gemeinschaft nimmt im Innern totalitäre Züge an. Die Führerfiguren und Hierarchien üben große bis absolute Autorität aus. Dies führt zu geschlossenen Gruppengrenzen, zur Idealisierung der eigenen Gemeinschaft und ihrer Führung sowie zur Dämonisierung der Außenwelt, zu heftigen Konflikten der Gruppe mit der Umwelt; bei den Mitgliedern zu Abhängigkeit und Entpersönlichung sowie zu innerseelischen Problemen.

Sektierertum – unsere ureigenste Möglichkeit

Ich will mit einer Aussage beginnen, die vielleicht manche Leser überrascht: Das Sektierertum ist uns nicht fern, sondern nah. Sektierertum ist etwas Angenehmes, etwas, in das wir unter Umständen natürlicherweise hineintreiben können. Sektierertum ist (ich werde diesen Gedanken später näher begründen) zwar so etwas wie eine soziale Sünde. Aber Sünden wurden in der christlichen Tradition nie als von außen hereinbrechende Katastrophen betrachtet, sondern als etwas, was uns Menschen in gewisser Hinsicht recht ist, was uns gefallen kann. Die sieben Hauptsünden der mittelalterlichen Ethik sind alle auf ihre Weise angenehm, selbst der Haß und die Habgier, noch viel mehr so lustvolle Strebungen wie „luxuria" (Genußsucht).

Als Experte trifft man auf die Schwierigkeit, daß andere das Sektierertum als etwas Abwegiges betrachten. Wer durch Persönlichkeit oder schieren Zufall noch nie sektiererische Tendenzen an sich erlebte, sieht Abhängigkeit oder Fanatismus in einem scheinbar unendlichen Abstand zu sich selbst. Doch dabei handelt es sich um eine perspektivische Verzerrung. Sie führt zu Äußerungen wie der eines Wissenschaftlers, der mit Scientologen zu tun bekam:
„Aber das sind doch normale, nette, verständige Leute. Das sind doch keine Sektierer."
Ein prominenter Katholik, der Mitglieder des VPM kennenlernte, äußerte sich anerkennend über die intelligenten, hörbereiten jungen

Leute mit guten Manieren. Er war nach der Begegnung davon überzeugt, die Kritik am VPM sei falsch. Dasselbe wurde von Begegnungen mit Mun-Anhängern berichtet, von Gesprächen mit den Aposteln der Neuapostolischen Kirche usw. Diese Erfahrungen sind durchaus echt. Sektierer können nett sein, sie können vernünftige Dinge äußern und auf die Anliegen ihrer Gesprächspartner eingehen. Sie können das vor allem deshalb, weil sie sich (wie alle Menschen) bevorzugt Gesprächspartner suchen, mit denen sie moralische, politische oder religiöse Anliegen teilen. Warum soll das dagegen sprechen, daß sie im Sinn der obigen Zusammenfassung Sektierer sind? Auf eine solche Idee kann man nur kommen, wenn man übersieht, daß Sektierertum eben auch „unsere ureigenste Möglichkeit" ist.

Sektenmitglieder laufen nicht mit Schaum vor dem Mund herum, und sie reden nicht ständig Unsinn. Sie teilen mit vielen Menschen eine Tendenz, Wahrheit, Recht und Heil für sich selbst zu beanspruchen und andere Menschen samt deren Leben und Denken davon auszuschließen. Sie bestätigen sich selbst und werten sich (und ihre Gruppe) auf, indem sie andere entwerten. Diese Tendenz ist als individuelle Eigenschaft und als Eigenschaft weltanschaulich-religiöser Gruppen alles andere als selten. Wer kennt nicht aus Streitigkeiten in unseren großen Kirchen den Ton, der Andersdenkenden signalisiert, daß eigentlich alle so sein müßten wie ich (oder wir), um richtige Christen zu sein?

Wir nehmen die Tendenz zur Exklusivität, zum Urteilen und Verurteilen an den Andersdenkenden und Gegnern sehr wohl wahr, weniger leicht aber bei uns und unseren Bundesgenossen. Der progressive Flügel der Kirche, von der modernen Theologie bis hin zu den Friedensgruppen, sieht sehr gut, wie abwertend und selbstgerecht der konservative Flügel („Fundamentalisten" oder „Traditionalisten") mit ihm umgeht. Leider hat er es nicht schwer, Beispiele für lieblose Rechthaberei zu präsentieren. Davon sehen die Konservativen selbst nichts, denn haben sie nicht recht mit dem Verwerfen der Irrtümer und der Fehlentwicklungen des progressiven Lagers – zumindest aus ihrer Sicht? Die Anpassung an den Zeitgeist, der Zerfall und der Unglaube in der Kirche sind so groß, daß

Schärfe nicht nur gerechtfertigt, sondern erforderlich ist. Schließlich geht es dabei um Gottes Sache!

Das Spiel wird aber auch umgekehrt gespielt. Das progressive Lager merkt nichts davon, mit welcher Herablassung, mit welch bitterem Spott und mit welcher Verzerrung ihrer Anliegen die Konservativen von ihm dargestellt werden. Aber haben sie nicht recht damit, die Gefahr der ewigen Gestrigkeit zu verdammen und wissenschaftliche Redlichkeit auf der einen Seite, Engagement für die Armen und Entrechteten auf der anderen Seite von allen Christen einzufordern? Aus ihrer Sicht ist es so, daß das Eigentliche des Glaubens sonst verlorenginge. Deutlichkeit und Schärfe sind deshalb mehr als angebracht. Schließlich geht es um Gottes Sache!

Nun wird man einwenden können, daß dieses Bild durch Schwarzmalerei entsteht. Es gibt in den Kirchen zwischen den Flügeln Versuche der Verständigung, es gibt Bereitschaft zum Lernen, es gibt die Fähigkeit zur Versöhnung, es gibt ein Bewußtsein dafür, daß die Kirche eine Gemeinschaft von Verschiedenen sein muß, wenn sie lebendig sein will. Es gibt ein Wissen darum, daß kein einzelner Christ und keine Gruppierung „Gottes Sache" allein vertritt, sondern daß alle Christen mit ihren Stärken und Schwächen aufeinander angewiesen sind. Mit anderen Worten: Es gibt Gegenkräfte gegen Exklusivität, Intoleranz und Rechthaberei. Aber von Gegenkräften zu sprechen bedeutet bereits das Eingeständnis, daß „Versektungstendenzen" allgegenwärtig sind, daß sie im einzelnen Menschen, in Gruppen und Strömungen Macht gewinnen können. Die Gegenkräfte müssen immer wieder mobilisiert werden, weil immer wieder Gefahr droht.

Die Sektenmitglieder unterscheiden sich von Kirchenmitgliedern und anderen Menschen dadurch, daß sie von einer Gemeinschaft abhängig geworden sind, die sektiererische Tendenzen zur Norm erhebt. Sekten und Extremgruppen unterscheiden sich von anderen religiösen und weltanschaulichen Gemeinschaften, weil die Gegenkräfte, die der Versektung wehren könnten, verneint und verbannt werden. Für die Mitglieder einer solchen Gruppe hat das als Möglichkeit und Tendenz allgegenwärtige Sektierertum soziale und hi-

144

storische Gestalt angenommen. Ihre Sache ist garantiert auch Gottes Sache (oder absolut gute Sache), die ganze Gemeinschaft steht dafür ein. Und die Sache der anderen ist Sache des Teufels (oder absolut böse), auch dafür steht die Gemeinschaft ein. Daß die Gedankenwelt und Lebenswelt der Anhänger für Außenstehende bizarr, abwegig und unverständlich wird, liegt nicht an der sektiererischen Haltung der Individuen – die gibt es ansatzweise überall. Es liegt an der sozialen Verkörperung, an der Konkretion der sektiererischen Haltung in einer real existierenden Gemeinschaft.[31]

Warum fällt es uns von außen so schwer, diese Zusammenhänge zu verstehen? Das Problem taucht immer dort auf, wo eine in allen Menschen vorhandene, aber durch sozialen Druck, Moral, Verhaltensregeln usw. kontrollierte Tendenz durch die Umstände „entfesselt" wird und kollektive Gestalt gewinnt. Wie viele Fernsehzuschauer mögen sich angesichts der Greuel des Krieges in Bosnien gefragt haben: Wie ist so etwas möglich? Sind das noch Menschen? Sie übersehen dabei oder möchten es nicht wahrhaben, daß Grausamkeit und Haß allgegenwärtig sind, daß die Entmenschlichung unserer Feinde einer Tendenz unseres Wesens entspricht. Zwar wurden in Bosnien, in diesem schrecklichen Moment und Ort der Geschichte, Kräfte des Hasses und der Gewalt entfesselt, die sonst gebunden sind, durch wessen Schuld und durch welches Schicksal auch immer. Sie wüten in einer Weise, wie wir es in Mitteleuropa seit einem halben Jahrhundert nicht mehr kennen. Aber wer könnte sagen, es seien keine normalen Menschen, die in die Abgründe des Krieges hineingerissen werden?

Ich will mit dem Beispiel nicht sagen, daß Sektiererei ebenso schlimm sei wie Krieg. Das ist nicht der Fall. Ich will damit sagen, daß Sektiererei in ungehemmter Ausprägung ebenso unverständlich wirken kann wie Kriegsgreuel und doch als menschliche Möglichkeit ebenso allgegenwärtig ist. Nicht der Mensch in der Sekte ist unnormal und anders als andere Menschen. Die Beziehungen, in denen er lebt, sind anders als „normale" Beziehungen. Ihre Wirkungen können deshalb für Außenstehende unverständlich werden.

---

[31] Peter L. Berger: Der Zwang zur Häresie. Frankfurt/M. 1980.

Sektierertum ist von seinem Ursprung her weniger individuelle als kollektive Entartung, weniger individuelle als soziale Sünde. Man muß die soziale Gestalt einer Gruppierung betrachten, man muß ihre Beziehungsstrukturen prüfen, nicht das Verhalten eines einzelnen Gesprächspartners in einzelnen Situationen, wenn man die Sekte oder Extremgruppe erkennen will.

Allerdings wirken die Beziehungen, in denen man lebt, auf das Denken und Tun zurück. Der Mensch ist ein soziales Wesen, dessen Persönlichkeit viel stärker von seinen Beziehungen und seinen Kommunikationsmöglichkeiten abhängt, als man sich gerne eingestehen mag. Die Gemeinschaft, die sich religiös oder weltanschaulich absolut setzt, fordert von ihren Anhängern Glauben. Und sie vereinnahmt ihre Gläubigen für sich selbst. Die Verantwortung des einzelnen Menschen für sein Tun wird damit jedoch nicht aufgehoben – weder im Krieg noch in einer Sekte. Aber man muß auch die Gebundenheit der Menschen in ihrer Situation sehen, um sie zu verstehen. Es gibt sie sehr wohl, die „Sektenpersönlichkeit" (cult identity), die Empiriker wie Steven Hassan beobachten. Sie ist aber nicht in jeder Situation und unter allen Umständen beobachtbar, und sie beherrscht keinen Menschen absolut.

Auch Sekten sind religiös

Uns als Christen sind Sekten und Extremgruppen aus einem weiteren Grund nicht so fern, wie wir manchmal meinen. Als Menschen mit einer religiösen Überzeugung, mit einem profilierten Glauben, mit einer geprägten Weltanschauung haben wir etwas mit der sektiererischen Haltung gemeinsam. Wir stehen zusammen mit den Sektierern anderen Menschen (zur Zeit vielleicht einer Mehrheit) gegenüber, die jede Art von weltanschaulichem Wahrheitsanspruch und jede Art religiöser Heilsgewißheit mit Mißtrauen betrachten. In der Atmosphäre der Relativität aller Sinn- und Zielangaben, der zurückgenommenen Wahrheitsansprüche und des „wer weiß das schon?" klingen bereits altkirchliche Hymnen sektiererisch:

146

„Gepriesen sei der Gott und Vater unseres Herrn Jesus Christus.
Er hat uns mit allem Segen seines Geistes gesegnet,
durch unsere Gemeinschaft mit Christus im Himmel.
Denn in ihm hat er uns erwählt vor der Erschaffung der Welt,
damit wir heilig und untadelig leben vor Gott,
er hat uns aus Liebe im voraus dazu bestimmt,
seine Söhne zu werden durch Jesus Christus,
und nach seinem gnädigen Willen zu ihm zu gelangen,
zum Lob seiner herrlichen Gnade …
Durch sie hat er uns mit aller Weisheit und Einsicht reich beschenkt
und hat uns das Geheimnis seines Willens kundgetan,
wie er es gnädig im voraus bestimmt hat."
(Eph 1,3–9)
Findet sich in diesem Hymnus nicht vieles wieder, was als sektiererisch beschrieben wurde? Da gibt es ein Elitebewußtsein, eine Mentalität der Auserwählten, die eine exklusive Beziehung zu Gott und Einblick in Gottes Willen haben, und eine davon ausgeschlossene Welt der Ungläubigen. Wir können uns als Christen um die Anfrage nicht herumdrücken, warum diese Haltung nicht auch sektiererisch sein soll. Sie führt uns zu einer unbequemen Einsicht: Solange wir als Sektenexperten oder als engagierte Betroffene die Gruppen wegen ihres unmoralischen Umgangs mit Menschen kritisieren, haben wir die Öffentlichkeit auf unserer Seite. Das liegt daran, daß die christliche Ethik und die „öffentliche Ethik" sich immer noch weitgehend decken, was den menschlichen Umgang mit Menschen, was soziale Verantwortung usw. angeht.

Wenn es um religiöse Fragen im engeren Sinn geht, wenn es um weltanschauliche Wahrheitsfragen geht, hört die Zustimmung auf. Dann stehen wir als Christen eher auf der Seite der Sekten und werden von der öffentlichen Meinung ähnlich schlecht behandelt. Denn wir sind uns mit den Sekten, den Psycho- und Politgruppen darüber einig, daß Wahrheitsfragen wichtig sind, während die „öffentliche Meinung" das zur Zeit nachdrücklich bestreitet. Sind aus dieser Sicht die großen Weltreligionen Judentum, Christentum und Islam doch irgendwie dasselbe wie die Sekten, nur daß sie groß und nicht klein sind, daß sie etabliert und nicht neu sind, daß sie an die

Umwelt angepaßt und nicht mehr in ihrer radikalen Anfangsphase sind?

Immerhin verhalten sich die „mediterranen" Hochreligionen, die großen Offenbarungsreligionen, alle auf ihre Weise exklusiv und verlangen von ihren Gläubigen eine Verbindlichkeit, die man auch als Abhängigkeit deuten könnte. Der Absolutheitsanspruch der Christen (um dieses mißverständliche Wort zu verwenden) ist nicht nur in der Kirchengeschichte, sondern schon im Neuen Testament fest verankert.

„Und in keinem anderen ist das Heil zu finden. Denn es ist uns Menschen kein anderer Name unter dem Himmel gegeben, durch den wir gerettet werden sollen." (Apg 4,12) Ist das Christentum deshalb selbst sektenhaft, ebenso wie Islam und Judentum, und nur die östlichen Hochreligionen Hinduismus und Buddhismus wären als prinzipiell unsektiererisch zu klassifizieren? Ich vermute, daß es heute nicht wenige gebildete und religiös interessierte Menschen gibt, die genau so denken.

Es gibt eine Theologie, die auf diese Zeitlage eingeht, indem sie das „sektiererische" Ärgernis des christlichen Glaubens beseitigen will und gegen seine Absolutheitsansprüche antritt. Allerdings wird als Negativfolie in der Regel nicht das Wort sektiererisch, sondern das Wort „fundamentalistisch" benutzt, dessen Bedeutungsfeld sich inzwischen mit dem allgemeinen, umgangssprachlichen Sektenbegriff teilweise deckt, nämlich was Intoleranz, Rechthaberei, exklusive Wahrheitsansprüche usw. angeht. (Daß der Begriff Fundamentalismus damit in den letzten Jahren einen rapiden Verfall erlebt hat und für eine vernünftige Diskussion unbrauchbar wurde, sei nur am Rand erwähnt.)[32] Es gibt praktisch nur noch einen Unterschied zwischen den beiden Begriffen: „Sektiererisch" zielt durch die Abkunft vom Substantiv Sekte eher auf eine Gruppe oder Organisation mit klaren Anhängerschaften hin. „Fundamentalistisch" kann alles sein: ein Buch, eine Meinung, eine Politik, eine mißliebige Theologie. Fundamentalismus festzustellen bedeutet heute, ein

[32] Hansjörg Hemminger (Hrsg.): Fundamentalismus in der verweltlichten Kultur. Stuttgart 1992.

Breitband-Herbizid zu versprühen gegen alle Pflänzchen, die auf dem Boden weltanschaulicher Gewißheiten oder konservativer Positionen wachsen.

Es würde zu weit führen, sich hier mit der Theologie zu befassen, die einen religiösen Relativismus für das einzige Heilmittel gegen Sektiererei und „Fundamentalismus" hält.[33] Ich will nur feststellen, daß es die Kirche nicht über die Versuchung zum Fundamentalismus und zur Sektiererei hinausführt, wenn sie diese zu Feindbildern macht und damit gerade auf sie fixiert bleibt: Weil die Sekten Wahrheit nur bei sich selbst finden, müssen wir Wahrheit überall finden, um keine Sektierer zu sein. Weil die Sekten ihre „Meister und Meisterinnen" vergöttlichen, müssen wir Christus entgöttlichen, um keine Sektierer zu sein. Weil die Sekten zwanghaft missionieren, dürfen wir gar nicht mehr missionieren, um keine Sektierer zu sein.

Eine solche Position lebt zu sehr von der Reaktionsbildung. Ihre Schwäche ist, daß sie nicht mehr formulieren kann, woran die Menschen denn nun glauben und sich halten sollen. Worin besteht die Überreligion, die alle Wahrheitsansprüche und Erfahrungen integrieren kann? Was soll ich als religiös suchender Mensch tun und glauben? Es scheint dem religiösen Relativismus nicht mehr an Lehre und Praxis zu bleiben als ein spiritueller Idealismus, der sich in meditativen und mystischen Erfahrungen bestätigt und bekräftigt sieht.[34] Eine Antwort auf die Versuchung der Sektiererei findet sich darin nicht. Die Wahrheitsfrage kann in religiösen Begegnungen nicht ignoriert oder umgangen werden. Sie muß in gegenseitiger Achtung und in Liebe gestellt werden.

Das Herabstufen der eigenen, christlichen Position ist auch kein Weg des seelsorgerlichen Umgangs mit den Sekten, den Extrem-

---

[33] Zur kritischen Diskussion s. folgende Artikel: Reinhart Hummel: Fundamentalismus und Toleranz. Materialdienst der EZW 57 4/1994 S. 100–109. Ulrich Ruh: Religiöser Pluralismus als Problem. Herder-Korrespondenz 48 11/1994 S. 576–580. Josef Sudbrack: Dialog der Religionen und relativistische Religionstheologie. Geist und Leben 6/1994 S. 435–450.

[34] Josef Sudbrack: Meditative Erfahrung – Quellgrund der Religionen? Stuttgart 1994.

gruppen und den von ihnen Betroffenen. Wer meint, von einer alles verstehenden und alles relativierenden Position aus ließe sich der Dialog mit Sektenanhängern am besten führen, täuscht sich. Im Gegenteil, der Dialog benötigt eine klare Position, die mir als Christen so ernst ist wie dem Sektenanhänger die seine. Nur dadurch kommt es zur Begegnung, die beide Seiten verändern kann. Wenn der Sektenanhänger einem religiösen Relativismus mit schattenhaften Konturen begegnet, wird er entweder schließen, daß es mir nicht ernst ist mit meinem Gesprächsanliegen. Oder er wird schließen, daß ich ein geeignetes Ziel missionarischer Anstrengungen sei. In beiden Fällen kommt es nicht zu einer relevanten Begegnung. Wenn der verunsicherte und suchende Aussteiger meinen Relativismus spürt, wird er mir nur schwer abnehmen können, daß ich seine hingebende Leidenschaft des Glaubens (oder seine bittere Enttäuschung) nachvollziehen kann. Und er wird vermutlich recht haben – ich kann es von dieser Position aus nicht.

Der religiöse Relativismus gegenüber den Wahrheitsansprüchen der Sekten und Extremgruppen wächst nicht aus der Praxis des Dialogs, schon gar nicht aus der Praxis der Seelsorge an „Aussteigern" und an Angehörigen von Sektierern. Er erwächst aus dem intellektuellen Bedürfnis nach dem Zusammendenken dogmatischer und weltanschaulicher Gegensätze, nach der kognitiven Auflösung von Widersprüchen. Er wächst vielleicht auch aus dem Bedürfnis nach gesellschaftlicher Anerkennung, nach dem Status der religionszuständigen Institution in unserer Kultur, den die christlichen Kirchen so lange für sich beanspruchen konnten und den sie nach und nach einbüßen. Die Versuchung ist nicht gering, diesen Status durch die Ausweitung der Grenzen dessen, was noch christlich heißen kann, in einer religiös pluralen Kultur für die Kirche bewahren zu wollen.

Die Sekten spielen für Kirchenfunktionäre, Kirchenleitungen und Theologen manchmal die Rolle eines geheimen Angstsymbols. Sie dienen der negativen Identifikation, sie stellen dar, was man selbst auf keinen Fall werden und als was man auf keinen Fall gelten will. Diese Angst ist berechtigt, solange sie der Abwehr sektiererischer Rechthaberei, Intoleranz und Lieblosigkeit in den eigenen Reihen dient. Sie wird jedoch gefährlich, wenn sie zur Angst davor wird, wegen des eigenen Glaubens kritisiert und mit den „Fundamentalisten" und den Sekten in einen Topf geworfen zu werden. Wir können nicht verhindern, daß öffentliche Stimmen der repressiven Toleranz gegen die christlichen Kirchen laut werden und daß der Sektenbegriff als Waffe gegen Kirchen und Gemeinden benutzt wird. Wir können aber verhindern, daß dies zu Recht geschieht.

Glaube ohne Sektierertum

Ich ziehe es vor, ohne Umschweife festzustellen, daß wir im gegenwärtigen kulturellen Umfeld im selben Boot mit den Sekten sitzen, was religiöse Wahrheitsfragen angeht. Wir können aus dem gemeinsamen Boot der Glaubenden und vom Glauben Ergriffenen nicht aussteigen. Wir müssen uns und die Sektenanhänger als Glaubende verstehen, um redlich danach fragen zu können, worin sich unser Glaube vom sektiererischen Glauben unterscheidet.

Die Antwort wurde im letzten Kapitel angedeutet: Sektiererischer Glaube richtet sich weniger auf Gott, auf das Göttliche oder auf das absolut Gute, also auf den religiösen Inhalt und das transzendente Gegenüber des Glaubens, sondern auf deren menschlich-konkrete Verkörperung oder Stellvertretung, zu der man gehört und mit der man sich identifiziert. Der Kern des Sektiererischen ist die Übertragung der Ehrfurcht, der Verehrung und der Abhängigkeit, die dem Göttlichen, Ewigen oder Absoluten gelten sollte, auf die Gemeinschaft und ihre Führung. Der sektiererische Glaube ist deshalb von seinem Wesen her rückbezüglich, er wendet sich weniger dem unfaßbaren, ewigen, nahen und fernen Gott zu, als der eigenen Gruppe und damit (der Identifikation der Anhänger mit der Gruppe wegen) sich selbst. Er greift nicht aus in die Weite jenseits des eigenen Denkens und des sozial festgelegten Handelns, er strebt nicht nach der Begegnung mit einer größeren Wirklichkeit und einer weiteren Welt. Er versucht gerade umgekehrt, das Göttliche und Ewige in menschlich-allzumenschliche Formen zu fassen.[35]

Sektierertum ist, was die Frömmigkeitspraxis angeht, das Gegenteil dessen, was etwa die katholische Tradition in der Heiligenverehrung ausdrückt oder was man im Pietismus unter der Heiligung des Lebens versteht. Beide gehen von der Gottesferne, von der Fragwürdigkeit des menschlichen Daseins aus, um von der realistischen Einsicht in die Lage des Menschen her einen Weg weisen zu können, den ein Mensch mit Gott gehen kann. Heiligkeit und Heiligung setzen die Unheiligkeit, die Krankheit, die Verlorenheit dieser Welt voraus, und zwar einschließlich der religiösen Organisationen und Kulte in ihrer vorfindlichen Wirklichkeit, einschließlich der christlichen Kirchen und Gemeinden, soweit sie menschliches Werk sind. Heiligung, Heiligkeit bedeutet ein Verlangen nach etwas, was nicht von vornherein da ist und nie einfach da sein kann, nach der Gegenwart Gottes, nach der Wegweisung Gottes im menschlichen Alltag und in der menschlichen Gemeinschaft, nach einer Gnade, die nicht verfügbar ist, sondern von Gott geschenkt wird.

Demgegenüber sagt der sektiererische Glaube: Hier bei uns ist die Kluft zwischen dem Vorläufigen und dem Endgültigen, zwischen der Idealgestalt einer menschlichen Gemeinschaft und ihrer realen Gestalt aufgehoben. Die Spannung zwischen dem unzulänglichen, immer auch vergeblichen Streben des Menschen und der gnädigen Zuwendung Gottes ist deshalb für uns vorbei. Wir gehören zum Bevollmächtigten Gottes, zum Besitzer der Wahrheit, zum Künder des Guten, und damit gehören das Gute, die Wahrheit und Gott uns

---

[35] Hier wird das religiöse Sektierertum dem religiösen Glauben gegenübergestellt. Für das ideologische, säkulare Sektierertum der Psychokulte und Politsekten kann man analog behaupten, daß sie sich nicht wirklich der Welt und ihren Problemen zuwenden, sondern ihren eigenen, erfahrungsfernen Ideensystemen. Dadurch sind auch sie rückbezüglich; sie sehen die Realität nicht mehr, die sie zu verbessern bzw. zu heilen vorgeben, sondern verhalten sich jeweils nur noch zu ihren eigenen Vorstellungen von der Realität. So kann eine Psychogruppe ein umfassendes Gebäude psychologischer Ideen vertreten, mit denen der Mensch und seine Situation beschrieben werden, und macht ihre Anhänger gerade dadurch unfähig, konkrete Menschen und konkrete Lebenssituationen zu verstehen.

selbst. Der Beweis für die Heiligkeit unserer Gemeinschaft ist gerade unsere Trennung von dieser verlorenen, zerbrochenen und dunklen Welt. Zu ihr bieten wir eine lichte, gotterfüllte Gegenwelt an, in der Wahrheit, Heil und der gute Weg des Lebens gültig in Erscheinung treten.

Insoweit der Sektierer sich so von seiner Gemeinschaft abhängig macht und an seine Gemeinschaft glaubt, könnte man mit der Polemik des Alten Testaments von Götzendienst sprechen. Jesaja verspottet die hölzernen Statuen, die ein Schnitzer gemacht und ein Schmied mit Goldblech verkleidet hat, und vor denen die unvernünftigen, heidnischen Handwerker niederfallen. Sie verehren das Werk ihrer eigenen Hände und übersehen die unfaßliche, andere und größere Macht Gottes. (Jes 40 und 44) Ebenso könnte man über die Sektierer reden, die einen angeblich heiligen (oder allwissenden oder völlig guten) Meister und seine Anhängerschar verehren, obwohl sie wissen müßten – und es täglich erleben –, daß diese Gemeinschaft aus menschlichem Sozialverhalten „gemacht" ist wie andere Gemeinschaften auch, daß sie durch menschliche Psychologie bewegt und von menschlichen Wünschen und Ängsten durchsetzt ist.

Auch der Sektierer verehrt Menschenwerk, das zwar nicht aus Holz und Metall geformt, aber aus sozialen Fähigkeiten, Machtverhältnissen, Traditionsbruchstücken, Kulturbeständen usw. gewoben wurde. Ihre Gemeinschaft ist eben nicht göttliche Gegenwelt, sondern Teil der gottesfernen Welt. Die Finsternis, die den Erdkreis überschattet, macht vor der geschlossenen Welt der Sektierer nicht halt, und auch die Anhänger einer Sekte leben in dem Dunkel, das alle Völker bedeckt. Die profane Menschlichkeit ihrer Meister und „heiligen Hierarchien" müßte den Anhängern offensichtlich sein, wenn sie noch Augen hätten, um zu sehen. Sie haben aber – solange sie im sektiererischen Glauben gebunden sind – beim Blick auf die Meister und Führer nur noch Augen, um zu glauben.

Unter allen Secten, die für Wege zur Glückseligkeit, zum Himmel und zur Gemeinschaft mit dem Ente entium oder dem allein weisen Encyclopädisten des Menschlichen Geschlechts ausgegeben worden, währen wir die elendesten unter allen Menschen, wenn die Grundveste unsers Glaubens in einem Triebsande kritischer ModeGelehrsamkeit bestünde. Nein, die Theorie der wahren Religion bleibt nicht nur jedem Menschenkinde angemessener und ist in seine Seele gewebt oder kann darinn wiederhergestellt werden, sondern bleibt auch eben so unersteiglich den kühnsten Riesen und Himmelsstürmern als unergründlich den tiefsinnigsten Grüblern und Bergleuten.

Johann Georg Hamann (1730-1788), zitiert nach Gerhard Nebel, Stuttgart 1973 S. 183

Versteht man Religion als Suche nach Transzendenz, als Rückbindung des Menschen an den Grund seiner Existenz, dann ist Sektiererei ein Rückfall ins Unreligiöse – so paradox das auf den ersten Blick klingen mag. Nicht zu Unrecht rückt Hamann einen christlichen Glauben, der sich auf „kritische ModeGelehrsamkeit" gründen will, schon in die Nähe der Sektiererei. Das eine wie das andere ist für ihn Menschenwerk, während die „Theorie der wahren Religion" weder durch geistige noch durch sonstige Kraftakte von Menschen zu gewinnen ist. (Man beachte, daß Hamann nur vom Christentum, Judentum und – in Grenzen – vom Islam eine Vorstellung hatte. Wenn er von „Religion" spricht, meint er die von Israel ausgehenden Offenbarungsreligionen.) Religion und Glaube sind nach Hamann eine Sache der Seele oder – wie wir heute eher sagen würden – eine Sache des ganzen Menschen in seiner Körperlichkeit und Sinnlichkeit, in seinem geschichtlichen Werden, in seiner dunklen Angst und Verlorenheit.

„Wahre Religion", wie Hamann es nennt, ist Begegnung, ist Erschütterung der verschlossenen und verarmten Menschenwelt durch die Wirklichkeit Gottes. Diese Wirklichkeit kann uns in christlichen Traditionen begegnen, im Wort der Bibel, im Kultus, im Sakrament, in der kirchlichen Verkündigung. Zentrum der Begegnung ist die Beziehung des Menschen zum auferstandenen Christus und die Zugehörigkeit zu ihm. Auch persönliche Widerfahrnisse, Leid und Schuld, Lebensfreude und Glück sind Gottesbegegnungen, obwohl nur der wache Glaube sie aufgrund der Be-

154

ziehung zu Christus bewußt so erleben kann. Für uns als Christen ist die Welt, die Natur und unsere ganze Lebensgeschichte gefüllt mit Gotteswirklichkeit. Leben im vollen Sinn besteht in der beständigen Begegnung mit dieser Wirklichkeit. Leben ist für den Blick des Glaubens immer auch Offenbarung Gottes, eine Offenbarung, die dem einzelnen gilt, der Gemeinschaft oder der Kirche.

Gott begegnet uns im Gang des Lebens und im Fluß der Dinge. Damit wird die umfassende, allen Menschen geltende Offenbarung Gottes im Leben und im Erlösungshandeln Jesu und in der Bibel nicht herabgewürdigt. In der mittelalterlichen Tradition konnte auch die Natur als ein „Buch" der Offenbarung Gottes gelten, weil sich in ihr etwas vom Wesen und Willen des Schöpfers enthüllt. Das gilt jedoch nicht nur für die Natur als Ganzes, als einen Gegenstand frommer Kontemplation, sondern auch für unsere persönliche, sinnliche Erfahrung der Natur, für unsere Begegnungen mit Menschen, für unsere Liebe und für unseren Schmerz. In allem Geschaffenen begegnet uns die Hand des Schöpfers, und in aller Geschichte begegnet uns der Wille des handelnden Gottes.

Der Glaube an die Sekte schiebt sich zwischen uns und die von Gott erfüllte Wirklichkeit. Die Sekte verhindert die Begegnung mit der Weite und Tiefe der Welt, indem sie unsere Erfahrungen vordenkt und vorglaubt. Sie läßt keine Freiheit der Gottes- und Weltbegegnung zu, die für den Blick des Glaubens eins werden sollten. Das zwanghafte Aneinanderhängen der sektiererischen Gemeinschaft endet darin, daß man sich in der sozialen Immanenz seiner Gesinnungs- und Tatgenossen vor der Transzendenz versteckt. Freiheit ist aber Voraussetzung und Frucht des Glaubens, und die Abhängigkeit von Gott muß die Abhängigkeit von Menschen aufheben.

Sektiererei als soziale Sünde

Wo sich die Sekte zwischen die Menschen und die Wirklichkeit schiebt, wird sie zur sozialen Sünde. Sie führt zu einem Eingekrümmtsein einer sozialen Gruppe „in sich selbst", ähnlich wie Augustinus die individuelle Sünde als Verkrümmtsein des Menschen in sich selbst charakterisierte. Die Sekte will die Welt und Gott mit dem Kopf in Besitz nehmen, indem sie ihr Ideensystem absolut setzt. Sie will Welt und Gott durch ihre Organisation in Besitz nehmen, indem sie das Weltverhältnis und das Gottesverhältnis ihrer Anhänger von der Gemeinschaft bestimmen läßt. Sie verliert nicht nur den Blick auf den Unterschied zwischen gedachter und realer Welt, sie leugnet diesen Unterschied und versucht, die Identität von Ideensystem und Welt in den Köpfen der Mitglieder durch Druck zu erhalten.

Noch schlimmer: Die Sekte verliert den Blick für den Unterschied zwischen Gottes Tun und ihrem Tun, Gottes Absichten und ihren Absichten, Gottes Urteil und ihrem Urteil. Aber gerade diese Unterscheidung ist Bedingung der Möglichkeit der Gottesbeziehung im christlichen Sinn. Was soll mir als Glaubendem das Reden von Gottes Barmherzigkeit, wenn sich die Barmherzigkeit Gottes nur in der Zuwendung durch meine Oberen verschlüsselt? Wie soll ich Gottes Liebe verstehen, die mir höchst persönlich gilt, wenn sie mit der Anerkennung der Gemeinschaft völlig in eins fällt? Wie soll die Kirche sich in der Fürbitte für sich selbst an Gott wenden, wenn die Erhörung sicher einplanbar ist? Wie soll sie Vergebung für ihre Schuld erbitten, wenn ihre Heiligkeit garantiert wird?

Eine radikale Sekte hat nicht mehr mit dem Problem zu tun, das die Korinther mit Paulus hatten (2 Kor 10), nämlich daß der Apostel die „großen Worte" seiner Predigt als Mensch nur sehr unvollkommen verkörperte. Hinter der wenig eindrucksvollen Person des Paulus, hinter seiner schwachen Rhetorik blieb die Macht Gottes versteckt. Sie wurde weder durch Paulus (noch, nebenbei gesagt, durch die korinthische Gemeinde) hinreißend sichtbar gemacht. Allerdings war für den Apostel gerade das wichtig. Seine eigene Schwäche war ihm ein Hinweis darauf, daß er als Missionar und Prediger nicht an Gottes Stelle steht, sondern Gott souverän und anders bleibt. Paulus konnte die Menschen auf Christus hinweisen, eben weil sie nicht vor dem (scheinbaren) Ideal eines Gottesmannes standen und in dessen Gegenwart entpersönlicht wurden, weil offenkundig war, daß sie nicht Paulus, sondern Christus suchen sollten.

Der Unterschied zwischen göttlicher und menschlicher Wirklichkeit muß in den christlichen Kirchen stets festgehalten werden. Die eigentliche Kirche, die Kirche als die Gemeinschaft der Heiligen mit Christus, die Kirche des dritten Artikels des Apostolikums, ist danach in der Welt noch unsichtbar. Sie bleibt ein Geheimnis, sie kann bis zu ihrer Vollendung in der Ewigkeit Gottes nicht geschaut, sondern nur geglaubt werden. Für das Leben der Kirche gilt dasselbe wie für das Leben der einzelnen Christen: Es sieht oft nur zu weltlich aus, und doch ist das kommende, das ewige Leben in der Verborgenheit schon da und schon wirksam. Nichts, was jetzt schon sichtbar da ist, ist ganz heilig und ganz göttlich – keine Person und keine Organisation. Nichts davon kann mich deshalb ganz beanspruchen, niemandem kann ich mich deshalb ganz anvertrauen – niemandem als dem unsichtbaren Gott.

Diese Auffassung findet sich bei allen Christen. Sie wird in der katholischen Kirche (und in den orthodoxen Kirchen) allerdings anders ausgedrückt als in der protestantischen Tradition. In ihr wird, aus der Erfahrung der Reformation heraus, die Menschlichkeit der sichtbaren Organisation der Kirche besonders herausgestellt. Die reformatorische Theologie betont die bleibende Unverfügbarkeit Gottes auch in und gegenüber der Kirche und ihren Einrichtungen. Deshalb lehnt sie das römisch-katholische und das orthodoxe Verständnis von der Sakramentalität der Kirche ab. Aber auch in der Vorstellung von der Kirche als einem Heilsmittel, einem Sakrament, wird die Verborgenheit des göttlichen Tuns ausgesagt. Denn in allen Sakramenten bleibt das Tun Gottes hinter menschlichem, sogar alltäglichem Handeln verborgen. Daß die Taufe den Menschen mit Gott versöhnt, liegt nicht an der Qualität des Wassers oder des Priesters, es wird von Gott getan. Daß die Kirche (aus katholischer Sicht) Heilsmittel ist, liegt nicht an ihren menschlichen oder organisatorischen Qualitäten, auch nicht an ihrer Fehlerlosigkeit. Was die Kirche für das Reich Gottes tut, wird von Gott getan – nicht selten trotz offenkundiger Fehler und Schwächen der Institution Kirche.

Katholische und orthodoxe Theologie sieht in der Sakramentalität der Kirche eine Konsequenz der Menschwerdung: Gottes Zusage gilt, aller menschlichen Verlorenheit zum Trotz. Eine mit entsprechender Lehrabsicht vorgetragene Lehre eines Konzils, oder unter besonderen Umständen des Papstes, bezeugt die Wahrheit des Glaubens aus katholischer Sicht gültig, mag die Aussage noch so ergänzungsbedürftig sein oder mögen die Umstände sehr fragwürdig sein. Die Zugehörigkeit zur Kirche, die soziale Einbindung in die Gemeinschaft, ist von daher zentraler Vollzug des Glaubens. Aus dieser Auffassung ergibt sich (ähnlich wie in der orthodoxen Theologie in anderer Form) die Gefahr, in der Theologie Kirchliches und Göttliches zu identifizieren. Daher kann die katholische Frömmigkeit in einzelnen Gruppen oder Gemeinschaften innerhalb der Kirche durchaus sektiererische Züge annehmen. Allerdings wird diese Gefahr ausgeglichen durch die radikale Betonung der freien Gewissensentscheidung des einzelnen Menschen vor Gott, die ebenfalls ins Zentrum der katholischen Tradition gehört.[36]

Umgekehrt steht die reformatorische Theologie in der Gefahr, göttliches und menschliches Handeln zu weit auseinanderzurücken, den Alltag und das menschliche Handeln zu sehr seiner Eigengesetzlichkeit zu überlassen und die uns durch Christus geschenkte Nähe Gottes (auch in seiner Unverfügbarkeit) zu übersehen. So wie die katholische Frömmigkeit das Anderssein Gottes leicht vergißt, vergißt die protestantische Frömmigkeit leicht die Gegenwart Gottes im menschlichen Tun. Vielleicht gibt es gerade deshalb so viele protestantische Sekten, weil das Bedürfnis nach einer historischen und sozialen Konkretisierung dessen, woran man glaubt, im Hauptstrom des Protestantismus besonders nachhaltig zurückgewiesen wird. Die radikal auf ihre individuelle Gottesbeziehung verwiesenen Menschen verfallen leichter der Versuchung, ihren Hoffnungen und Sehnsüchten doch ein sicheres, irdisches Haus zu bauen als im Katholizismus und in der Orthodoxie, wo diesem

---

[36] Josef Sudbrack (persönl. Mitteilung) macht mich darauf aufmerksam, daß in der katholischen Theologie die rechte Balance zwischen sozialer Verleiblichung des Glaubens in der Kirche und der Glaubensfreiheit des einzelnen in die Lehre vom Heiligen Geist gehört, der nicht im Gegensatz, aber in lebendiger Beziehung zum Logos der Kirche „weht, wo er will". Er nennt dazu Eric Peterson: Monotheismus als politisches Problem.

Bedürfnis – bei allen theologischen Einschränkungen – innerkirchlich eher Rechnung getragen wird.

Möglicherweise müssen das reformatorische, das katholische und
das – nochmals ganz eigenständige – orthodoxe Kirchenverständnis
so gelesen werden, daß sie einander ergänzen. Die Wahrheit, um die
es geht, wird von ihnen allen nur umkreist: Daß Gott sich uns
Menschen gültig mitteilen kann, daß Gottes Wille durch Menschen
und durch menschliche Organisationen geschehen kann, und daß
Gott trotzdem nicht aufhört, Gott zu sein und damit unendlich
anders zu sein – wie sollte sich diese Wirklichkeit vollständig in eine
einzige Formel fassen lassen? Es ist zwar bedauerlich, daß die
Christen von der Kirche und vom Reich Gottes in dieser Welt nicht
(nicht ganz) mit einer Stimme sprechen können. Sie können dem
exklusiven Anspruch der Sekten keine völlige christliche „Inklusi-
vität" entgegensetzen, keine völlige gegenseitige Anerkennung all
derer, die sich zu Christus halten, in welcher Kirche oder Tradition
auch immer. Trotzdem gilt: Das Gegenbild zum Sektierertum ist aus
der Sicht aller Christen die Ökumene, auch wenn die Ökumene nur
zum Teil Realität ist und zum Teil noch Auftrag und Hoffnung
bleibt. Aber alle Christen sind sich darin einig, daß die Einheit
zwischen ihnen dem Willen Gottes entspricht, und die gegenseitige
Nichtanerkenung und Herabstufung diesem Willen widerstrebt.[37]
Immerhin können wir als Christen deshalb auf unseren eigenen
Mangel anders reagieren als die Sektierer: Wir können ihn benennen, wir können ihn beklagen und wir können die Vergebung
Gottes für unsere Schuld erbitten.

O mein Herr, wie sehr tröstet es mich, daß du die Erfüllung
deines Willens nicht einem so armseligen Wollen wie dem meinen überlassen hast! Sei gepriesen in Ewigkeit! Alles soll dich
dafür loben! Dein Name werde verherrlicht in Ewigkeit! Es
stünde gar schön um mich, Herr, wenn es von mir abhängen
würde, ob dein Wille erfüllt wird oder nicht! Ich schenke dir nun

[37] Zum Verhältnis von Kirche und Sekte aus katholischer Sicht s. Adele Spuller:
Sekten nach dem Konzil. Veritas-Verlag Wien/Linz/Passau o.D.

frei meinen Willen. Damit handle ich allerdings nicht uneigennützig, denn die Erfahrung hat mir reichlich gezeigt, welchen Gewinn es bringt, meinen Willen frei dem deinen zu überlassen. *Theresa von Avila: Weg der Vollkommenheit 32,4, Johannes-Verlag Leutesdorf 1993*

Allerdings muß am Schluß eine notwendige Erinnerung stehen: Der Vergleich mit dem Sektierertum wurde in diesem Kapitel aus christlicher Sicht gezogen, und eine Unterscheidung wurde versucht. In der Praxis verläuft die Unterscheidungslinie jedoch nicht zwischen den Sekten und den etablierten Kirchen. Bei den religiösen Extremisten herrscht nicht nur ein sektiererischer Geist, und in den großen Kirchen nicht nur ein christlicher Geist. Die Unterscheidungslinie zwischen Geist und Ungeist läuft mitten durch die Kirchen und Gemeinden hindurch, sie verläuft sogar durch unser eigenes Herz. Es mag angehen, soziale Strukturen und Organisationen (mit aller Vorsicht) pauschal als sektiererisch zu kennzeichnen, wenn sie bestimmte Merkmale erfüllen. Bei einzelnen Menschen und ihren persönlichen Beziehungen ist das so nicht möglich, auch wenn sie in einer sektiererischen Struktur zu Hause sind. In bezug auf das Individuum ist der Unterschied zwischen Sektierertum und Nichtsektierertum immer ein gradueller.

Der Glaube des Sektenmitglieds kann auch aus christlicher Sicht echte religiöse und (je nach Selbstverständnis) christliche Anteile enthalten. Der Glaube kann Gottesbeziehung und Christusbeziehung sein, auch wenn die Beziehung im Gefängnis sektiererischer Abhängigkeiten und sektiererischer Größenideen gelebt werden muß. Daher kann der Glaube des Sektierers, wenn Gott es so will, vom Sektierertum befreit werden. Die Zeugen Jehovas sind so etwas wie der Prototyp einer radikalen Sekte, sie weisen so gut wie alle problematischen Merkmale auf, die besprochen wurden. Die Erfahrung zeigt jedoch gerade bei den Zeugen, daß viele von ihnen den Weg zu einem unsektiererischen Glauben, zu einer vertrauensvollen (nicht durch die Wachtturm-Gesellschaft vermittelten) Bindung an Christus und zu einem besseren Verständnis der Bibel finden. Sie finden ihren Weg nicht, indem sie ihre Existenz als

Zeugen völlig negieren, sondern indem das, was an ihrem Glauben als Zeugen schon immer lebendig und gut war, außerhalb des Sektengefängnisses unbehindert wachsen darf.

Wir können uns als Christen von den Sektierern nicht so absetzen, als handle es sich um zwei miteinander nicht verwandte Spezies religiöser Menschen. Die entstellte, verbogene Winkelkirche, die uns die Sekte vor Augen führt, und die weltweite Kirche Jesu Christi sind miteinander verwandt. Sie sind verwandt, weil die Kirche Christi bis zum Ende der Zeit ihre Entstellungen und Verbiegungen aufweisen wird, und weil Gott auch in den Sekten am Werk ist.

Literatur

Die folgenden Nachschlagewerke, Übersichtsbücher, Reihen etc. sind dazu geeignet, weitere Informationen zum Thema Sekten zu liefern bzw. näher über die vielen, im Text genannten Gruppen und Gemeinschaften zu informieren. Es werden nur neuere, deutschsprachige Quellen aufgeführt.

Arbeitskreis Neue Jugendreligionen (Leitung P. Klaus Funke OP) (Hrsg.): Erste Auskunft „Sekten". Okkultismus-Esoterik-Neue Religiosität. Leipzig 1994

Beckers, Hermann-Josef; Kohle, Helmut (Hrsg.): Kulte, Sekten, Religionen. Augsburg 1994

Eggenberger, Oswald: Die Kirchen, Sondergruppen und religiösen Vereinigungen. Zürich 1990

Friedrich-Ebert-Stiftung (Hrsg.): Sekten und Sondergemeinschaften in den neuen Bundesländern, Chemnitz 1991

Gasper, Hans; Müller, Joachim; Valentin, Friederike: Lexikon der Sekten, Sondergemeinschaften und Weltanschauungen, Freiburg i.Br. 3. Aufl. 1994

Haack, Friedrich-Wilhelm: Jugendreligionen – zwischen Scheinwelt, Ideologie und Kommerz, München 1994

Hauth, Rüdiger: Die nach der Seele greifen, Gütersloh 1985.

Hutten, Kurt: Seher, Grübler, Enthusiasten, Stuttgart 6. Auflage 1989

Keden, Joachim; Hemminger, Hansjörg; Schmidt-Dominé, Joachim: Gurus, Geister, Heiler und Propheten. Neukirchen-Vluyn 1991

Obst, Helmut: Apostel und Propheten der Neuzeit, Berlin 1990

Senatsverwaltung für Jugend und Familie Berlin, Redaktion Monika Schipmann (Hrsg.): Informationen über neue religiöse Bewegungen und sogenannte Psychogruppen. Berlin 1994

Studentenrat der TU Dresden AG Sekten/Sondergemeinschaften, Verein zur Förderung der politischen Jugendbildung in Sachsen e.V. (Hrsg.): Über die Brücke zum Wachtturm – Sekten und Sondergemeinschaften in Sachsen. Dresden 1992

Viele einschlägige Artikel enthält die Monatszeitschrift: Materialdienst der Evangelischen Zentralstelle für Weltanschauungsfragen, Stuttgart, 1994 im 57. Jahrgang.

Zahlreiche Einzeldarstellungen und Übersichtstexte in der Länge einer Broschüre bzw. eines kleinen Buchs bietet die von Pfr. Friedrich-Wilhelm Haack begründete Münchner Reihe des Evangel. Presseverbands Bayern in München, herausgegeben von Frau Maria Haack und Pfr. Thomas Gandow.

Einige Darstellungen in ähnlicher Länge wurden in der seit 1992 von Pfr. Dr. Werner Thiede herausgegebenen Reihe RAT im Friedrich Bahn Verlag in Konstanz publiziert.

Adressen der wichtigsten Beratungs- und Informationsstellen

Deutschland evangelische Landeskirchen

In den evangelischen Landeskirchen in Deutschland gibt es – bis in die einzelnen Sprengel und Regionen – erfahrene Fachleute für Beratung, Information und Seelsorge. Die meisten evangelischen Landeskirchen haben darüber hinaus besondere Sekten- beziehungsweise Weltanschauungsbeauftragte ernannt. Sie sind in der folgenden Liste besonders gekennzeichnet:

Anhalt: Pfr. i.R. Dr. Karl-Wilhelm Berenbruch, Beauftragter der Ev. Landeskirche Anhalts, Alle 23, D-06493 Ballenstedt/Harz

Baden: Pfr. Dr. Nüchtern, Akademiedirektor für Sekten- und Weltanschauungsfragen der Ev. Landeskirche in Baden, Postfach 2269, D-76010 Karlsruhe

– Pfr. Klaus-Martin Bender, Tel.: 07261/16 961 (auch Fax), Mittelstr. 16, D-74889 Sinsheim-Adersbach

Bayern: Pfr. Dr. Wolfgang Behnk, Beauftragter für Sekten- und Weltanschauungsfragen der Ev.-Luth. Kirche in Bayern, Tel.: 089/55980 444; Fax: 089/55980 443 Marsstr. 22, D-80335 München

– Pfr. Bernhard Wolf, Beauftragter der Ev.-Luth. Kirche in Bayern für religiöse und geistige Strömungen, Tel.: 0911/678 578, Fax: 0911/685 682, Neuendettelsauer Str. 4/II, D-90449 Nürnberg

Berlin-Brandenburg: Pfr. Thomas Gandow, Provinzialpfarrer für Sekten- und Weltanschauungsfragen der Ev. Kirche in Berlin-Brandenburg, Tel.: 030/815 7040, Fax: 030/815 47 96, Heimat 27, D-14165 Berlin-Zehlendorf

Braunschweig: Pastor M. Meitzner, Beauftragter für Sekten- und Weltanschauungsfragen der Ev.-Luth. Landeskirche in Braunschweig, Tel.: 05302/10 40, Godehardistr. 1, D-38159 Vechelde-Bodenstedt

Bremen: Pastor Helmut Langel, Tel.: 0421/231 991, Heymelstr. 35, D-28359 Bremen

Frankfurt am Main: Kurt-Helmuth Eimuth, Dipl. Päd., Beauftragter des Ev. Regionalverbandes Frankfurt am Main für Religions- und Weltanschauungsfragen, Tel.: 069/285 502, Fax: 069/296 260, Saalgasse 15, D-60311 Frankfurt am Main

Görlitzer Kirchengebiet: siehe *Schlesische Oberlausitz*

Hamburg: Pastorin Dr. Gabriele Lademann-Priemer, Beauftragte der Nordelbischen Ev.-Luth. Kirche, Sprengel Hamburg, für Weltanschauungsfragen, Tel.: 040/327 848, Fax: 040/337 174, Kreuslerstr. 6, D-20095 Hamburg

– Pastor Jörn Möller, Beauftragter für Jugendseelsorge (Jugendreligionen und weltanschauliche Strömungen) im Nordelbischen Jugendpfarramt Sprengel Hamburg, Tel.: 040/251 82 07, Fax: 040/2500 285, Hirschgraben 25, D-22089 Hamburg

– Pastor i.R. Alfred Springfeld, Tel.: 040/7207780, Brookdeich 230b, D-21029 Hamburg

– Pastor Dr. Dietrich Hellmund, Tel.: 040/647 30 84 und 677 60 83, Wolliner Str. 98, D-22143 Hamburg

– siehe auch *Nordelbien*

Hannover: Pfr. Wilhelm Knackstedt, Beauftragter für Weltanschauungsfragen der Hannoverschen Landeskirche, Tel.: 0511/1241 414, Fax: 0511/1241 499, Postfach, D-30002 Hannover

– Diakon Ingolf Christiansen, Tel.: 0551/59765, Fax: 0551/4961 69, Albanikirchhof 1 A III, D-37073 Göttingen

Hessen und Nassau: Pfr. Bodo Leinberger, Beauftragter der Ev.

Kirche in Hessen und Nassau, Wilhelm-Leuschner-Str. 15, Tel.: 06041/1843 und 06151/405447, D-63654 Büdingen

– Pf. D. Mertens, Pragelatostr. 112, D-64372 Ober-Ramstadt/Rohrb. Tel.: 06154/2579

– siehe auch *Frankfurt*

Kirchenprovinz Sachsen: Pfr. Dr. Andreas Fincke, Beauftragter für Sekten- und Weltanschauungsfragen der Ev. Kirche der Kirchenprovinz Sachsen, zu erreichen über: Ev. Konsistorium, Tel.: 0391/31881, Am Dom 2, D-39104 Magdeburg

Kurhessen-Waldeck: Pfr. Eduard Trenkel, Beauftragter der Ev. Kirche von Kurhessen-Waldeck für Sekten-, Weltanschauungs- und Islamfragen, Wilhelmshöher Allee 330, Tel.: 0561/9378-243, Fax: 0561/9378-424, D-34131 Kassel

– Pfr. Michael Becker, Martinsplatz 5a, Tel.: 0561/77 02 67, Fax: 0561/719048, D-34117 Kassel

Lippe: Pfr. Klaus Fitzner, Beauftragter der Lippischen Landeskirche, Paulsenstr. 7, Tel.: 05235/7308 (auch Fax), D-32825 Blomberg-Lippe

Mecklenburg: Landespastor Dr. Matthias Kleiminger, Hansenstr. 5, Tel.: 03843/683964 (auch Fax), D-18273 Güstrow

Nordelbien: Pastor Detlef Bendrath, Beauftragter der Nordelbischen Ev.-Luth. Kirche für Sekten- und Weltanschauungsfragen, Brahmsstr. 20f, Tel.: 0451/422 15 und 0451/44786 (auch Fax), D-23556 Lübeck

Niedersachsen: siehe *Hannover*

Nordwestdeutschland: Pastor Johannes Göhler (Beauftragter für Sekten- und Weltanschauungsfragen der Ev.-reformierten Kirche in Nordwestdeutschland, Am Osterkamp 5, Tel.: 04708/242 (auch Fax), D-27624 Ringstedt

Oldenburg: Pfr. Rainer Schumann, Beauftragter der Ev.-Luth. Kirche in Oldenburg für Sekten- und Weltanschauungsfragen, Wilhelmstr. 27, Tel.: 0441/162 37, Fax: 0441/251 78, D-26121 Oldenburg

Pfalz: Pfr. Dr. W. Sonn, Beauftragter der Ev. Kirche der Pfalz – Protestantische Landeskirche, Josefstaler Str. 7, Tel.: 06894/35767, D-66386 St. Ingbert

Pommern: Superintendent Reinhold Garbe, Beauftragter der Ev.-Luth. Landeskirche Pommerns, Wolgaster Str. 6, D-17509 Wusterhusen, Tel.: 038354/221 10

– Pfr. Friedrich von Kymmel, Dorfstr. 50, Tel.: 038372/70 251, D-17406 Morgenitz/Usedom

Rheinland: Pfarrer Joachim Keden, Beauftragter der Ev. Kirche im Rheinland, Rochusstr. 44, Tel.: 0211/361 02 46, Fax: 0211/3610422, D-40479 Düsseldorf

Sachsen: Pfr. Ekkehart Ziegelschmid, Sektenbeauftragter der Ev.-Luth. Landeskirche Sachsens, An der Heilandskirche 1, Tel.: 0351/436450, D-01157 Dresden

– Pfarrerin I. Dietrich, Beauftragte der Ephorie Leipzig West der Ev.-Luth. Landeskirche Sachsens, Giordano-Bruno-Str. 1, Tel.: 0341/4791168, D-04249 Leipzig

Schaumburg-Lippe: Landeskirchenamt der Ev.-Luth. Landeskirche Schaumburg-Lippe, Herderstr. 27, Tel.: 05722/25021 (auch Fax), D-31675 Bückeburg

Schlesische Oberlausitz (Görlitzer Kirchengebiet): Pfr. Jörg Michel, Ev. Kirche der schlesischen Oberlausitz, Martin-Luther-King-Haus, PSF 2339, Tel.: 03571/72073 und 03571/414227, Fax: 03571/8431, D-02977 Hoyerswerda

Thüringen: Kirchenrat Dr. Friedrich Büchner, Beauftragter für Sekten- und Weltanschauungsfragen der Ev.-Luth. Kirche in Thüringen, Karolinenstr. 8, D-99817 Eisenach, Tel.: 03691/76649

Westfalen: Pfr. Dr. Rüdiger Hauth, Beauftragter der Ev. Kirche von

Westfalen für Sekten- und Weltanschauungsfragen, Röhrchenstr. 10, D-58452 Witten 1, Tel.: 20302/91010-0 und 02335/3584, Fax: 02302/9101010

Württemberg: Evangelischer Gemeindedienst – Arbeitsstelle für Weltanschauungsfragen, Pfarrer Walter Schmidt/Pfarrer Klaus Sturm, Tel.: 0711/2068-236, 2068-237 oder 2068-276, Fax: 0711/226 2946

Deutschland – Freikirchen

Selbständige Ev.-Luth. Kirche (SELK): Pastor Hinrich Brandt, Kirchlicher Beauftragter, Lange Str. 84, D-31552 Rodenberg, Tel.: 05723/3579

Ev.-Luth. Kirche in Baden: Superintendent, Ludwig-Wilhelm-Str. 9, D-76530 Baden-Baden, Tel.: 07221/254 76

Europäisch-Festländische Brüder-Unität (Herrnhuter Brüdergemeine): – Sitz Bad Boll, D-73087 Bad Boll, Tel.: 07164/801-0, Fax: 07164/801-99

– Sitz Herrnhut, Zittauer-Str. 20, Tel.: 035873/258, D-02745 Herrnhut/O.L.

Ev.-Reformierte Kirche in Bayern: Pfr. Norbert Müller, Kirchlicher Beauftragter, Kurt Eisner-Str. 50, D-81735 München, Tel.: 089/674263

Österreich – evangelisch

Der Sektenbeauftragte der Evang. Kirche A.B. und H.B. in Österreich, Pfarrer Magister Johannes Spitzer, Italienerstr. 38, A 9500 Villach, Tel.: 0043/4242/2413-122, Fax: 0043/4242/2413-131

Burgenland: Pfarrer Martin Schlor, A-7423 Pinkafeld, Kirchengasse 9, Tel.: 0043/3357/2245

Kärnten: Sektenberatungsstelle der Ev. Kirche in Kärnten, Pfarrer Mag. theol. Johannes Spitzer, Italienerstr. 38, A 9500 Villach/ Österreich, Tel.: 0043/4242/4213-122, Fax: 0043/4242/2413131

Niederösterreich: Pfarrer Karl-Jürgen Romanowski, A-3160 Traisen, Albert-Schweitzer-Gasse 7

Oberösterreich: Pfarrer Bernhard Petersen, Bahnhofstrasse 9, A-4600 Wels/OÖ, Tel.: 0043/77242/52046 und 47584

Salzburg/Tirol: Pfarrer Willi Thaler, A-6370 Kitzbühel, Ölberg 6, Tel.: 0043/5356/4404

Steiermark: Pfarrer Herwig Hohenberger, A-8010 Graz, Kaiser-Joseph-Platz 9, Tel.: 0043/316/81 10 25, Fax: 0043/316/314476

Wien: Pfr. Mag. Sepp Lagger, Thaliastr. 156, A-1160 Wien, Tel.: 0043/222/465297

Schweiz – evanglisch

Ev. Orientierungsstelle, Pfr. Dr. Georg Schmid, Im Baumgarten 24, CH-8606 Greifensee, Tel.: 0041/1/940 1973 u. 940 9877, Fax: 0041/1/94067 43

Dänemark – evangelisch

Prof. Johannes Aagard, Dialogcenter, Katrinebjergvej 46, DK 8200 Aarhus

Deutschland – kath. Diözesen und bischöfl. Ämter

Aachen: Dr. Hermann-Josef Beckers, Klosterplatz 7, D-52062 Aachen, Tel.: 0241/452419/374

Augsburg: Dipl. theol. Hubert Kohle, Beratungsstelle für Religions- und Weltanschauungsfragen der Diözese, Postfach 10 19 09, D-86009 Augsburg, Tel.: 0821/3152-274, Fax: 0821/3152-263

Bamberg: StD. Matthias Rehrl, Artur-Landgraf-Str. 33, D-96049 Bamberg, Tel.: 0951/544 50

Berlin: Pater Klaus Funke OP, Dominikanerkloster St. Paulus, Oldenburger Str. 46, D-10551 Berlin-Moabit, Tel.: 030/3957097/8, Fax: 030/396 2177

Dresden-Meißen: Kaplan Gerald Kluge, Pfarrei St. Kunigunde, Dr. Wilhelm-Külz-Str. 4, D-01796 Pirna, Tel.: 03501/3325

Erfurt-Meiningen: Kaplan Michael Neudert, Kath. Pfarramt, Alexanderstr. 45, D-99817 Eisenach, Tel.: 03691/3880

Eichstätt: Dipl. theol. Ludwig Lanzhammer, Obstmarkt 28, D-90403 Nürnberg, Tel.: 0911/204 337, Fax: 0911/224 989

Essen: Dipl. theol. Klaus Gerhards, Postfach 1428, D-45004 Essen, Tel.: 0201/2204-280

Freiburg: Dipl. theol. Albert Lampe, Rektorat Sekten-Weltanschauungsfragen, Okenstr. 15, D-79108 Freiburg/Brsg., Tel.: 0761/5144-136, Fax: 0761/5144-255

Fulda: Pfr. Ferdinand Rouche, Beauftragter für Sekten und Weltanschauungsfragen, D-36041 Fulda, Tel.: 0661/83-980, Fax: 0661/8398-136

Hildesheim: Dipl. Päd. Marin Hiltermann, Referat Sekten und Weltanschauungen, Bischöfl. Generalvikariat, Domhof 18-21, D-31134 Hildesheim, Tel.: 05121/307-323/324, Fax: 05121/307 488

Köln: Dipl. theol. Werner Höbsch, Marzellenstr. 32, D-50668 Köln, Tel.: 0221/1642-313

Limburg: Referat für Weltanschauungsfragen, Dipl. theol. Lutz Lehmhöfer, Eschenheimer Anlage 21, D-60318 Frankfurt am Main 1, Tel.: 069/1501-149, Fax: 069/597 5503

Magdeburg: Rosel Förster, Seelsorgeamt, Max-Josef-Metzger-Str. 1, D-39104 Magdeburg, Tel.: 0391/3800

Mainz: Dipl. theol. Eckhard Türk, Grebenstr. 24-26, D-55116 Mainz, Tel.: 06131/253284

München-Freising: Dipl. theol. Hans Liebl, Dachauerstr. 5-V, D-80335 München 2, Tel.: 089/2137-417/8

Münster: Seelsorgereferat, Rosenstr. 16, D-48143 Münster, Tel.: 0251/495-474

Osnabrück: Franz-Josef Tenambergen, Domhof 12, D-49074 Osnabrück, Tel.: 0541/318-240, Fax: 0541/318 117

Paderborn: StR i.K. Roland Gottwald, Erzbischöfl. Generalvikariat, Domplatz 3, D-33098 Paderborn, Tel.: 05251/12 54 86, Fax: 05251/12 54 70

Passau: Dipl. theol. Martin Goeth, Innbrückgasse 13a, D-94032 Passau, Tel.: 0851/393 366, Fax: 0851/393 264

Regensburg: Dipl. theol. Hans Rückerl, Roritzerstr. 12, D-93047 Regensburg, Tel.: 0941/5681-263, Fax: 0941/56 14 10

Rottenburg-Stuttgart: Dipl. Päd. Susanne Beul, Referat Religions- und Weltanschauungsfragen des BO, Postfach 9, D-72101 Rottenburg, Tel.: 07472/169 586, Fax: 07472/169 609

Schwerin: Kaplan Michael Sobiana, Schloßstr. 20, D-19053 Schwerin, Tel.: 0385/864 463 (auch Fax)

Speyer: Dipl. theol. Christoph Bussen, Domplatz 3, D-67346 Speyer, Tel.: 06232/102218, Fax: 06232/102 403

Trier: Hans Neusius, Referat für Weltanschauungs- und Sektenfragen, Hinter dem Dom 6, D-54290 Trier, Tel.: 0651/7105-526, Fax: 0651/7105-511

Würzburg: AG Das Große Zeichen – Die Frau aller Völker, Franz Graf von Magnis, Postfach 110 341, D-97030 Würzburg, Tel.: 0931/56610

Wien: Dr. Friederike Valentin, Stefansplatz 6/46, A 1010 Wien, Tel.: 0043/222-51552-367, Fax: 0043/222-51552-366

Elterninitiativen und ähnliche Gruppen (Auswahl)

Weltanschaulicher Hintergrund und Arbeitsformen der „Elterninitiativen" können unterschiedlich sein. Hier sind vor allem solche Vereinigungen aufgeführt, die durch ihre Arbeitsweise halbwegs regelmäßig und zuverlässig erreichbar sind. Die aufgeführten Institutionen geben Auskünfte über gleichgerichtete Einrichtungen im In- und Ausland.

Deutschland:

Baden-Württemberg: Baden-Württembergische Eltern- und Betroffenen-Initiative zur Selbsthilfe gegenüber neuen religiösen und ideologischen Bewegungen – EBIS e.V., Postfach 30, D-72663 Großbettlingen, Tel.: 07022/42411

– Aktion Bildungsinformation e.V. (ABI), Tel.: 0711/299 335, Fax: 0711/299 330, Alte Poststr. 5, D-70173 Stuttgart

Bayern: Elterninitiative zur Hilfe gegen seelische Abhängigkeit und religiösen Extremismus (EI) e.V., D-80082 München, Postfach 100 513, Tel.: 089/559 80 441, Fax: 0831/16312

Berlin, Brandenburg, Mecklenburg-Vorpommern: Eltern- und Betroffeninitiative gegen psychische Abhängigkeit – für geistige Freiheit Berlin e.V. – EBI, D-14165 Berlin-Zehlendorf, Heimat 27, Tel.: 030/818 32 11

Hamburg, Schleswig-Holstein, Nord-Niedersachsen: Elterninitiative in Hamburg u. Schleswig-Holstein zur Hilfe gegen seelische Abhängigkeit und Mißbrauch der Religion e.V., c/o Pastor D. Bendrath, D-23556 Lübeck, Brahmsstr. 20f, Tel.: 0451/447 86 (auch Fax)

Hessen, Rheinland-Pfalz, Thüringen: SINUS-Sekteninformation und Selbsthilfe Hessen und Thüringen e.V. Geschäftsstelle: D-60311 Frankfurt/Main, Saalgasse 15, Tel.: 069/285502; 069/1501-149; 06151/43333, Fax: 069/296260

Niedersachsen, Sachsen-Anhalt: Niedersächsische Elterninitiative gegen Mißbrauch der Religion e.V., Geschäftsführer: Pastor W. Knackstedt, D-30169 Hannover, Archivstr. 1, Tel.: 0511/124 14 52, Fax: 0511/12 41 499

Nordrhein-Westfalen: Arbeitskreis Sekten e.V. Herford – Verein zur Bekämpfung geistiger und seelischer Abhängigkeit c/o Diakonisches Werk, Tel.: 05221/599 857, Fax: 05221/599 875, D-32052 Herford, Auf der Freiheit 25

– Aktion für geistige und psychische Freiheit – AGPF e.V., D-53111 Bonn, Graurheindorfer Str. 15, Tel.: 0288/631547

Sachsen, Sachsen-Anhalt: Eltern- und Betroffeneninitiative gegen psychische Abhängigkeit – Sachsen e.V., Giordano-Bruno-Str. 1, D-04249 Leipzig, Tel.: 0341/473915

– AG Sekten, Psychogruppen, Jugendreligionen beim Studentenrat der TU Chemnitz, Reichenhainer Str. 41/42, D-09126 Chemnitz, Tel.: 0371/561-2639 u. 2416, Fax: 561-2636

– AG Sekten/Sondergemeinschaften beim Studentenrat der TU Dresden, Tel.: 0351/463 2042-43, Fax: 0351/463 4714

Elterninitiativen International

Dänemark: Dialog Center International, Katrinebjergvej 46, DK 8200 Aarhus N, Tel.: 0045/86/10 50 01, Fax: 0045/86/10 54 16

England: FAIR – Family Action Information and Rescue, BCM

Box 3535, P.O. Box 12, London WC1R 4XX, Tel.: 004481/539 39 40, Fax: 004481/556 88 61

Frankreich: ADFI – Association de Defense des Familles et de l'Individu, 10, rue du Père Julien Dhuit, F 75020 Paris, Tel.: 0033/1/47 97 96 08, Fax: 0033/1/47 97 01 73

Luxemburg: Cercle pour la Défense de l'Individu et de la Famille (CDIF) Luxembourg a.s.b.l., Tel.: 00352/505830, Fax: 00352/504965; 176, route de Longwy, L-4751 Petange, Luxemburg

Österreich: Gesellschaft gegen Sekten- und Kultgefahren, A-1020 Wien, Obere Augartenstr. 26-28, Tel.: 0043/222/337537

Schweden: FRI – Föreningen Radda Individuen, Langholmsgatan 17, S 11733 Stockholm, Tel.: 0046/8/66 47 13

Schweiz: SADK – Schweizerische Arbeitsgruppe gegen destruktive Kulte, Postfach 18, CH 8156 Oberhasli, Tel.: 004171/756107

– INFOSEKTA, Schweighofstr. 420, CH-8055 Zürich, Tel.: 00411/451 52 52, Fax: 00411/4515254

Weitere Institutionen und Anlaufstellen

– „Arbeitskreis Religiöse Gemeinschaften" der VELKD, c/o VELKD D-Kirchenamt, Terassenstr., D-14129 Berlin-Schlachtensee, Tel.: 030/801 8001, Fax: 030/8026 187; Der Arbeitskreis hat das – vor allem für kirchliche Mitarbeiter wichtige – „Handbuch Religiöse Gemeinschaften" erarbeitet, das 1993 in 4. Auflage im Gütersloher Verlagshaus Gerd Mohn erschienen ist.

– Für die Beratung in Fragen der Sekten und Jugendreligionen gibt es die „Ev. Zentralstelle für Weltanschauungsfragen" (EZW). Die „EZW" ist eine Einrichtung der EKD und bietet kostenloses Informationsmaterial (z.B. Faltblätter) und Vorträge zu Sekten und Jugendreligionen auch für Schulen. Hölderlinplatz 2 A, D-70193 Stuttgart und Außenstelle Berlin D-10117 Berlin, Auguststr. 80,

174

Tel.: 0711/226 22 81/2, Fax: 0711/226 13 31 und 030/2886160, Fax: 030/2886150

– Aktion Bildungsinformation e.V. (ABI), Alte Poststr. 5, D-70173 Stuttgart, Tel.: 0711/29 93 35, Fax: 0711/29 93 30, empfiehlt sich besonders für Fragen nach Fortbildungsanbietern und Fernkursen.

– Arbeitsgemeinschaft für Religions- und Weltanschauungsfragen, Postfach 50 01 07, D-80971 München-Moosach, Fax: 089/6 41 41 52 bietet Literatur zu Religions- und Weltanschauungsfragen.

– Archiv für Religions- und Weltanschauungsfragen, Heimat 27, D-14165 Berlin-Zehlendorf, Tel.: 030/815 70 40, Fax: 030/815 47 96 sammelt Informationen von ehemaligen Sekten-Mitgliedern, auch aus Nachlässen.

Deutschland – staatliche Informations- und Arbeitsstellen

Bundesministerium für Frauen und Jugend, Herr Regierungsdirektor Reinke, Rochusstr. 8-10, D-53123 Bonn, Tel.: 0228/9 30 28 64, Fax: 0228/930 22 21 (Federführende staatliche Anlauf- und Koordinierungsstelle für alle mit den Problemkreisen zusammenhängenden Fragen.)

Berliner Senatsverwaltung für Jugend und Familie, Frau Schippmann, Frau Kunst, Am Karlsbad 8, D-10785 Berlin, Tel.: 030/26 54 43 49, Fax: 030/26 54 42 98

Brandenburgisches Ministerium für Bildung, Jugend und Sport, Herr Kruse, Heinrich-Mann-Allee 107, D-14473 Potsdam

Hamburger Arbeitsgruppe Scientology (AGS), Frau Caberta, Behörde für Inneres, Hachmannplatz 2, D-20099 Hamburg, Tel.: 040/2486-4990, Fax: 040/2486/4995

Sächsisches Staatsministerium für Kultus, Frau Deipenwisch, Palaisplatz 2d, D-01097 Dresden, Tel.: 0351/5642715, Fax: 03151/5642887

Württembergisches Ministerium für Kultus und Sport, Herr Carlhoff, Rotebühlplatz 1, D-70173 Stuttgart, Tel.: 0711/2792872, Fax: 0711/2792550

Als Hilfs- und Beratungsstellen empfehlen sich ferner:
– die evangelischen und katholischen Jugendpfarrer;
– die evangelische und katholische Telefonseelsorge;
– die kirchlichen Erziehungs-, Ehe- und Familienberatungsstellen;
– die kommunalen Jugendberatungsstellen
Die Adressen sind jeweils dem örtlichen Telefonbuch zu entnehmen oder beim Pfarramt zu erfragen.

Sachregister

Personenregister

Adler, A. 39, 46
Arendt, H. 87 f.
Augustinus 155

Barker, E. 71 f., 74, 77 f., 121
Berger, P.L. 117, 145
Bertschinger, E. 42, 101 f.
Bethge, E. 140
Bhagwan 50, 52
Bonhoeffer, D. 140
Buchholz-Kaiser, A. 39 f., 85

Clark, J.G. 70
Crowley, A. 41
Cyprian von Karthago 17

Dalai Lama 62
Dostojewskij, F.M. 111

Eiben, J. 72

Freud, S. 41

Gascard, J. 70
Gebert, J. 32

Haack, F.-W. 66, 73 f., 138
Hamann, J.G. 154
Hassan, S. 70, 73, 75 f., 96 f., 134, 136 f., 146
Hemminger, H. 73, 148
Hornung, K. 83
Houtheff, V. 57
Howell, V.W. 57 f.
Hubbard, L.R. 87, 97, 124
Hummel, R. 149
Hutten, K. 28 f., 66 f.

Icordo 102
Innozenz III. 18

J. Di Mambro 59
Janov, A. 47 f.

Jetter 20
Jones, J. 56
Jouret, L. 59 f.

Klosinski, G. 72
Kohl, H. 126
Konstantin der Große 17
Koresh, D. 57
Küenzlen, G. 87
Kunigunde 42

Langone, M.D. 139
LaRouche, L. 40 f., 89, 100 f.
Larson, B. 72
Levine, E. 71
Liebling, F. 39 f., 46 f.
Lifton, R. 73
Lorber 26
Lösch, H. 44, 50, 53
Löw, K. 83
Luther, M. 25, 29, 127

Maharishi Mahash Yogi 107
Marx, K. 41
Melton, J.G. 71
Minhoff, C. 44, 49, 53
Mühl, O. 37 f., 41, 82, 101, 109 f., 124
Müller-Küppers, M. 70
Mun 36, 46, 53, 75 f., 78, 83, 96 f., 101, 103, 126

Nebel, G. 154
Neumann, E. 14

Osho 52

Palmer, C. 20 f.
Paulus 14, 156
Peterson, E. 158

Ralfs-Horreis, H. 101
Rattner, J. 46
Reich, W. 41, 89

Reimer, H.-D. 28, 66–69
Robbins, T. 71
Rohrmoser, G. 83
Ruh, U. 149

Saliba, J.A. 71
Schaffranek, H. 90
Scheurlen, P. 26 f.
Schlothauer, A. 38
Schmid, G. 68 f., 76
Schmidtchen, G. 71, 75
Schweer, T. 71
Selnecker, N. 9
Sheela, M.A., 51 f., 56
Shoko Asahara 60
Shree Rajneesh 50 f.
Singer, M. 70
Silverman (s. Sheela)

Specht, F. 70
Spuller, A. 159
Sri Chinmoy 126
Sudbrack, J. 149, 158
Swedenborg 21

Theresa von Avila 160
Thimme, L. 23
Troeltsch, E. 22–24

Uriella 42f., 101–103, 110

Wach, J. 67
Weber, M. 22, 25
Werfel, F. 86
Wittek, G. 42, 128, 140
Wright, S. 71

Grundriß der Kirchengeschichte – die ideale
Einführung für Studierende und allgemein
Interessierte

Herbert Gutschera/Joachim Maier/Jörg Thierfelder
Kirchengeschichte – ökumenisch

Band 1: Von den Anfängen bis zur Reformation
180 Seiten. Kartoniert

Band 2: Von der Reformation bis zur Gegenwart
228 Seiten. Kartoniert

Diese Einführung in die Kirchengeschichte zeichnet sich durch
ihren konsequenten ökumenischen Blickwinkel aus. Vieles kommt
dabei ausführlich zur Sprache, was in der jeweils anderen Konfession leicht unter den Tisch fällt: Missionsgeschichte, Pietismus,
Geschichte der Freikirchen, etc.
Die Autoren scheuen sich auch nicht, die „heißen Eisen" anzu-
packen, wie z.B. die Inquisition, das Versagen angesichts der „sozialen Frage" im 19. Jahrhundert oder die Haltung der Kirchen
während der NS-Herrschaft – ohne Schönfärberei, mit historischer
Redlichkeit und engagiert.

Matthias-Grünewald-Verlag Mainz
Quell Verlag Stuttgart

Neue Ideen für Schulgottesdienste
in der Sekundarstufe

Hartmut Rupp/Ludwig Rendle/Gerhard Kraft/Roland Hehl
Bunte Pausen
Ökumenische Schulgottesdienste für die Sekundarstufe I und II.
Materialien und Modelle.
Mit Graphiken und Kopiervorlagen
192 Seiten. Kartoniert

Woher immer wieder neue Ideen für Schulgottesdienste nehmen?
Vier erfahrene Religionspädagogen der evangelischen und katholi-
schen Kirche stellen ökumenische Gottesdienstentwürfe für die
Sekundarstufe I und II zu folgenden Anlässen vor:
Schuljahresanfang, Advent und Weihnachten, Fastenzeit, Ostern
und Schuljahresende.
Ein vielfältig einsetzbares Materialbuch – zum Beispiel auch bei
Jugend- und Familiengottesdiensten in der Gemeinde – mit Ak-
tionsvorschlägen, Texten, Liedern und Gebeten.

Matthias-Grünewald-Verlag Mainz
Quell Verlag Stuttgart